Soyez le changement que vous voulez voir dans le monde.

Mohandas Karamchand
Mahatma Gandhi

Avant-propos

Les mariages de convenance sont très largement répandus dans la société indienne. Or ces unions arrangées dérivent fréquemment vers des mariages forcés. La tradition culturelle et millénaire produit alors des alliances contraintes privant les jeunes époux de leur liberté individuelle. Une violation flagrante des droits de l'homme et de l'enfant selon les Nations unies et l'Unicef. Plus de 40 % des mariages forcés dans le monde ont lieu en Inde. Un des fléaux nationaux contre lequel les autorités disent lutter.

Comme souvent, malgré un arsenal législatif clair et précis (Sarda Act de 1929), les traditions sont tenaces : les jeunes filles et garçons sont toujours soumis aux décisions des parents dès lors qu'il s'agit de leur mariage. Le respect de la caste et des classes sociales, la ligne patronymique et dynastique, l'intérêt économique sont les principales motivations qui poussent les parents à désigner la future épouse ou le futur époux de leurs enfants. Parfois sans que ceux-ci ne se soient jamais rencontrés, ou alors brièvement.

La loi autorisant le mariage à dix-huit ans pour les femmes, vingt et un ans pour les hommes est ignorée, négligée, parfois inconnue, y compris par les classes favorisées.

Les enfants mariés quelquefois pour des raisons de survie économique (une bouche de moins à nourrir) sont privés de leur liberté, séparés de leurs camarades, isolés du reste de leur famille et forcés d'abandonner leur scolarité.

Sur le plan sanitaire, ils sont plus exposés aux maladies sexuellement transmissibles. Une grossesse durant la préadolescence risque non seulement de provoquer de graves séquelles sur les organes génitaux féminins, mais aussi de causer la mort du nourrisson et de sa mère durant l'accouchement. Le risque de décès de l'enfant est 60 % plus élevé chez une mère dont l'âge est inférieur à dix-huit ans (source : Nations unies). En Inde, deux femmes sur cinq se marient avant l'âge légal, une sur cinq avant quinze ans. Par ailleurs, les chiffres indiquent que toutes les couches de la population (par caste et par éducation) sont concernées (source : la situation des enfants en Inde en juin 2011, Unicef).

Ces données statistiques, Rekha Kalindi ne les connaît évidemment pas. Pas plus qu'elle n'a idée que le taux de mortalité infantile en Inde est l'un des plus élevés au monde (supérieur à celui de l'Afrique subsaharienne). Pourtant, son vécu et son expérience l'ont convaincue qu'une union précoce est synonyme d'une dégradation de la santé doublée d'une exclusion du système scolaire.

Mouhssine Ennaimi

1

Mme la Présidente

On nous a avertis dès l'entrée. Il ne faut pas la regarder dans les yeux, ne pas tenter de l'approcher et encore moins lui manquer de politesse. Cette personne dont j'ignorais l'existence il y a encore quelques jours est la plus importante et la plus respectée du pays. J'avais du mal à croire que cela pouvait être une femme. Encore moins qu'elle souhaitait me rencontrer.

Nous franchissons les jardins avant de passer le porche en marbre. Nous arrivons dans une somptueuse pièce où les murs sculptés sont incrustés de motifs symétriques. Mes sandales neuves glissent sur le sol en marbre blanc. Je remonte ma *dupatta*[1] afin qu'elle ne se prenne pas dans mes pieds. L'allée que nous empruntons est espacée de pylônes aussi larges

1. Longue pièce de tissu en forme de foulard qui accompagne la tenue traditionnelle en Asie du Sud. La dupatta est synonyme de modestie.

que des pattes d'éléphant. Les motifs dorés des mosaïques scintillent sous le reflet combiné du soleil et des lampes allumées. Je fixe des yeux la porte d'en face pour éviter d'être éblouie par ce torrent de lumière. Je n'ai jamais vu une demeure aussi belle. Deux gardes armés restent immobiles devant notre passage. Sans cependant cesser de nous suivre du regard.

Nous empruntons un patio où plusieurs membres de la sécurité en chemisette et pantalon gris foncé nous accueillent. Un des gardes du corps parle en hindi dans un talkie-walkie. Je ne comprends qu'une partie de l'échange. Les femmes sont appelées dans la pièce adjacente. Le personnel de sécurité féminin en tenue gris foncé nous fouille une par une. Elles nous demandent si nous avons des objets électroniques, des stylos ou tout autre accessoire en notre possession. Je réponds poliment par la négative. La palpation corporelle est gênante et je jette un œil sur mes amies en souriant, pour dédramatiser cette épreuve. Nous franchissons un portail et nous nous retrouvons à nouveau dans le patio. Les hommes subissent le même traitement. Les appareils photo, les téléphones portables sont confisqués. Mon père fait l'objet d'une fouille plus rigoureuse que les autres. Je m'approche mais les gardiens me demandent de rester à l'écart. Ils ont trouvé des *bidis*[1] dans

1. Petites cigarettes roulées à la main dans une feuille d'eucalyptus.

les poches de mon père. Et bien que celui-ci affirme ne pas avoir d'allumettes, les gardes recherchent tout ce qui pourrait faire du feu. En vain. L'homme reprend son talkie-walkie pour parler à son collègue. Je comprends vaguement que nous pouvons poursuivre.

Le sol est revêtu d'une moquette épaisse et fleurie. Il n'y a plus aucun risque que je glisse. Bien au contraire, mes sandales accrochent et je dois maintenant faire attention à ne pas les perdre. Je regarde les lustres au plafond et je me dis intérieurement qu'ils doivent peser aussi lourd qu'une vache. La table au centre est dressée d'une nappe blanche étincelante qui touche quasiment le sol. Des rubans bleu clair encerclent le dossier des chaises. Un homme est debout derrière chacun des plats recouverts d'une cloche. On nous dit qu'après avoir rencontré la Présidente, nous pourrons manger à notre guise. En traversant la pièce, je remarque que les plats végétariens sont séparés des mets avec de la viande : les deux buffets sont éloignés de plusieurs mètres. Nous traversons une énième pièce, puis une autre. Je me demande combien de personnes habitent dans cette demeure.

D'autres gardes sont postés devant une porte en bois foncé brillant. Les hommes ont une tenue différente, rouge et blanche, et ils n'ont pas d'armes, contrairement à ceux qui nous accompagnent depuis le début et qui nous ont fouillés minutieusement.

Il y a plusieurs doubles portes. À droite, à gauche et devant nous. Chacune d'entre elles est gardée par des hommes portant un uniforme encore différent. Il y a un large siège, un micro et plusieurs rangées de chaises. Les gardes parlent aux parents ainsi qu'au personnel du National Child Labour Project (NCLP) qui nous encadre à Purulia.

— Il y a un protocole et vous devez le respecter à la lettre, nous informe notre tuteur. Il ne faut pas lui parler avant qu'elle ne s'adresse à vous, ni trop vous approcher, ni la regarder dans les yeux. Il ne faut pas non plus lui toucher les pieds comme vous avez l'habitude de le faire avec vos parents ou vos professeurs. Contentez-vous d'un simple et respectueux « *namasté*[1] ». N'oubliez pas non plus que vous devez attendre qu'elle s'installe et qu'elle vous dise de vous asseoir. Faites attention à ne jamais l'interrompre et n'oubliez pas de la saluer après chacune de vos interventions.

Je regarde mes amies Afsana et Sunita. Elles ont l'air tendues. Mon père est à l'étroit dans sa veste et ne semble pas très l'aise non plus. Il y a beaucoup de monde dans la pièce. D'autres personnes que je ne connais pas et dont la plupart sont en costume cravate. Des journalistes, dont certains ont fait le voyage avec nous depuis Purulia. Prosenjit, notre tuteur, s'approche et nous rappelle que nous devons

1. « Bonjour » en hindi.

être irréprochables devant la Présidente. Il a l'air nerveux et surexcité à la fois.

La porte s'ouvre et je vois enfin à quoi ressemble la personne dont on me parle sans arrêt depuis plusieurs jours. Elle a un joli visage, des petites lunettes et sans doute un des plus beaux saris que j'ai vus jusqu'à présent. Elle est suivie de très près par quatre hommes armés chargés de sa protection. Elle s'approche, je joins les mains et incline la tête. La Présidente pose sa main sur mon épaule.

— Comment tu t'appelles ?

— Rekha, Rekha Kalindi, madame…

— Je suis très fière de toi et très fière de faire ta connaissance, dit-elle en prenant ma main entre les siennes.

— Merci beaucoup, madame, dis-je, à la fois émue et nerveuse.

Je ne pense même pas à lui dire que je suis honorée et fière de la rencontrer dans ce palais.

— Tu es un exemple pour toute une génération et pour des millions de jeunes filles…

La Présidente s'adresse à moi sans ce fameux protocole dont on m'a rebattu les oreilles depuis le début. Elle me caresse les mains tout en me regardant dans les yeux. Je la remercie de nous accueillir dans cette maison. Elle me sourit.

Devant Sunita et Afsana, elle se contente de joindre les mains pour les saluer. Leur discussion est brève. Elle les remercie d'avoir parcouru tous ces kilomètres pour être aujourd'hui à New Delhi. La Présidente salue également mon père, les mères de mes amies ainsi que le reste du personnel du NCLP. Une fois qu'elle s'est installée, nous nous asseyons aussi.

La Présidente nous dit qu'elle a lu notre histoire dans la presse locale. Elle n'en croyait pas ses yeux : « Des jeunes filles ont réussi là où la politique gouvernementale a échoué durant trente ans. » Elle a demandé au personnel local de faire une enquête sur nous. Depuis qu'elle a reçu les conclusions et la confirmation de nos expériences, elle a hâte de nous rencontrer. Je la crois sincère quand elle nous qualifie d'héroïnes.

— Nous pouvons faire toutes les lois et toutes les modifications dans notre société que nous souhaitons. Mais ces initiatives auxquelles nous croyons profondément ne servent à rien s'il n'y a pas des personnes comme vous. Nos propositions sont dirigées vers des personnalités telles que les vôtres et c'est vous, mes filles, qui faites le travail le plus difficile. Votre courage vous guide vers les bonnes décisions et je suis fière de voir que les générations indiennes futures sont audacieuses et ambitieuses. Ce que vous avez fait est exceptionnel. J'espère et je suis sûre que vous serez une source d'inspiration pour d'autres jeunes filles. Afin que notre pays sorte de ce fléau qu'est l'union de deux enfants au détriment de leur éducation, de leur avenir et de leur bonheur. J'ai demandé à voir une seule fille, mais en recevoir trois me rend encore plus heureuse et fière de représenter notre grand pays.

La Présidente cède la parole à notre tuteur, Prosenjit, qui nous demande de nous lever. Afsana, Sunita et moi remercions la Présidente de nous faire un honneur aussi grand. Prosenjit présente mon cas brièvement. Puis celui d'Afsana et de Sunita. S'ensuivent d'autres discours par les hommes en costume cravate. Chacun expliquant à quel point son rôle a été crucial dans nos vies et nos choix. Y compris certains que je ne connais absolument pas. Je regarde la Présidente. Elle me sourit. Je n'avais jamais pensé qu'une femme puisse arriver à ce degré de responsabilité ni déclencher autant de déférence de la part des hommes. Dans mon village du Bengale, une fille reste inférieure à un garçon. Une femme est sous les ordres de son mari. La Présidente dit que je l'inspire, elle se trompe : c'est elle qui nous inspire.

Je rougis en repensant à ma réaction d'il y a quelques jours lorsque j'ai appris qu'elle souhaitait me rencontrer. Prosenjit a appelé le directeur de mon école, Arjun, qui lui-même a téléphoné à Arvind, l'épicier de Bararola, le « point télécommunication » de mon village. Je me souviens qu'il parlait vite, le souffle court comme s'il avait oublié qu'il fallait respirer.

— Rekha, j'ai une très grande nouvelle ! La Présidente veut te rencontrer !

— Qui ?

— La Présidente en personne ! Elle veut te voir et sans doute te féliciter ! Tu vas aller à New Delhi !

— Je ne sais pas de qui tu parles… Ça ne m'intéresse pas, de toute façon.

— Ne parle pas comme ça, Rekha ! Même si tu ne sais pas qui c'est, tu lui dois le respect. C'est une des personnes les plus importantes d'Inde.

— Laisse-moi réfléchir, alors. Ce n'est pas comme s'il fallait se décider tout de suite. J'ai le temps d'y songer plus longuement.

— Je vais à Purulia récupérer la lettre et je te la montrerai demain à l'école. C'est incroyable, une occasion comme celle-là ! Tu peux l'annoncer à tes parents, je suis sûr qu'ils vont être très heureux !

— D'accord, à demain.

Et j'ai raccroché.

Comment ai-je pu être aussi cruche ? Personne ne dit non à la présidente de son pays ! Maintenant que je suis en face d'elle, je regrette de lui avoir manqué de respect.

Arjun m'a montré la lettre. Le logo était le même que celui que l'on voit au bureau de poste et devant les bureaux du NCLP. Plus tard, j'ai su qu'il représentait les armoiries de toute l'Inde.

Le lendemain, les journalistes n'ont cessé d'appeler. Des élus locaux souhaitaient me rencontrer avant que je ne parte pour New Delhi. Certains sont même venus à la maison pour me saluer personnellement. Les membres du NCLP n'ont parlé que de cette prochaine visite chez la Présidente. J'ai compris qu'il s'agissait d'un événement d'envergure incroyable. Et que malgré les obstacles, les remontrances et les insultes du passé, j'avais pris la bonne décision.

La Présidente s'est levée avant de quitter la pièce, toujours encerclée par les quatre hommes armés. Les fonctionnaires me félicitent un par un. Les journalistes me posent les mêmes questions que d'habitude. Il est temps d'aller déjeuner.

2

L’école

« Quand une fille naît, c'est toujours une mauvaise nouvelle ! » Combien de fois ai-je entendu cette phrase sans vraiment réaliser qu'elle me concerne ? Mon père, ma mère, tout mon entourage en est convaincu. Je le sais car j'entends souvent leurs conversations avec les voisins ou les autres membres de la famille au sujet des bébés de sexe féminin. Il faut dire que, dans mon cas, ma venue au monde s'est vraiment révélée être une mauvaise nouvelle pour mes parents.

Enfant, la liste des torts que l'on m'attribue est déjà longue : turbulente et têtue, tenace et coriace. Comme d'autres petites filles, je perdrai mon nom de famille une fois mariée et mes parents devront s'endetter pour pouvoir payer une dot à la famille de mon futur époux. Je ne pourrai pas incinérer mon père à sa mort[1] et tout le fruit de mon travail ira à

1. Selon les croyances hindoues, seule la présence des enfants masculins est nécessaire lors de la crémation du père afin que ce dernier puisse atteindre la libération finale.

ma belle-famille. Il n'est pas impossible que cela change à l'avenir, mais pour l'instant cela se passe comme ça en Inde, et en particulier dans les villages, comme celui où je suis née et où j'habite, où ces traditions sont plutôt bien ancrées dans les mœurs. Petite, je renversais les pots de tabac de mon père, gâchais son travail dès que j'en avais l'occasion. Par ailleurs, m'a-t-on répété, j'ai considérablement affaibli ma mère : l'allaitement l'épuisait à tel point qu'elle ne pouvait plus s'occuper de la maison comme les autres femmes du village le font.

Dès mon plus jeune âge, je réalise que la vie sera difficile. Mon père roule des cigarettes à longueur de journée. Comme la plupart des habitants du village, c'est son gagne-pain. Ici, tout le monde est lié de près ou de loin à l'industrie des bidis. Les femmes, les hommes, les grands-parents et les adolescents. Chaque semaine, *Baba*[1] note rigoureusement sur un petit carnet la quantité de tabac ainsi que le nombre de feuilles d'eucalyptus délivrées par le producteur. Dès les premières lueurs du soleil, mon père s'installe sur le perron avec son panier où il a disposé l'ensemble de son équipement de travail. À l'intérieur, tout le monde dort encore, entassé sur des paillasses ou à même le sol en boue séchée à proximité des quelques ustensiles de cuisine abîmés. À la fin de la journée, Baba aura roulé

1. « Papa » en hindi.

près de huit cents bidis. J'aime me lever tôt et le regarder faire. Il a commencé très jeune. Je voudrais qu'il m'apprenne.

— Il faut bien découper les feuilles, elles doivent être de la même taille que cette petite plaque de fer en forme de trapèze, chuchote mon père en coupant la feuille avec de longs ciseaux noirs.

— C'est pour ne pas gâcher le reste ?

— Tu as tout compris ! Parfois tu peux faire trois cigarettes avec une feuille. Mais le plus souvent on en fait deux. Ensuite, tu mets juste la bonne proportion de tabac. Toujours avec l'objectif de rentabiliser au maximum. Plus on fait de bidis avec la même matière première, plus on gagne d'argent.

Baba saisit une pincée de tabac, poudre la dose dans la feuille d'eucalyptus puis remet le reste dans le panier. Le geste des doigts qui s'ensuit semble mécanique. En quelques secondes, mon père a roulé la cigarette, l'a cerclée avec une fine ficelle, a tassé le haut et plié le bas. Les cigarettes sont rangées par paquet de vingt-cinq sur le côté du panier. Il saisit une deuxième feuille avec la main droite tandis que la gauche s'empare du tabac.

— Je peux le faire, moi aussi ?

Mon père continue ses gestes machinaux tout en me répondant :

— Pas maintenant. Je dois avancer vite car c'est le matin que l'on travaille le mieux et le plus rapidement. Une fois que j'aurai terminé, tu pourras t'entraîner. Mais fais bien attention à ne pas gâcher le tabac.

Ces dernières années, les capacités de Baba ont fortement diminué. À force d'être assis toute la journée, il a des douleurs dans le dos et des crampes qui l'obligent à s'arrêter plusieurs heures. Sa vision baisse également et sa productivité en pâtit. Mais ce seul travail ne suffit pas. Pour subvenir à nos besoins, dès que l'occasion se présente, Baba part faire des extra dans les manifestations populaires communistes en tant que chauffeur de foule avec son tambour. D'autres fois, il est employé comme porteur ou travailleur journalier dans les rizières. Le travail est là aussi pénible mais plus lucratif.

Je passe la plupart de mes journées dans la petite cour devant notre maison. Je joue aux osselets avec des pierres et quelquefois aux billes ou à la marelle avec mes amies et mes voisines. J'ai été à l'école du village, mais à l'âge de quatre ans mes parents ont arrêté de m'y envoyer. J'y ai appris à compter jusqu'à dix mais uniquement en bengali – l'anglais n'est enseigné que bien plus tard. J'ai peur de ne jamais avoir l'occasion d'en apprendre plus. Désormais, j'aide *Ma*[1] à ranger et nettoyer l'intérieur de notre foyer. Je l'aide aussi à cuisiner, du moins quand il y a de la nourriture. Il n'est pas rare que

1. « Maman » en hindi.

nous n'ayons pas grand-chose à avaler. Je me suis habituée à manger très peu, pour en laisser davantage à mes frères et sœurs plus jeunes ou à Baba pour qu'il puisse travailler. Ces derniers temps, la situation est très mauvaise. Ma allaite mon petit frère Swapan et elle est souffrante. Mon père n'a pas de quoi l'envoyer chez un médecin en ville. Seul celui du village l'a auscultée, mais les médicaments n'ont rien changé. Ma est toujours de mauvaise humeur, sa douleur de plus en plus aiguë. Il faut attendre que ça passe, il n'y a pas d'autres solutions. Nous n'avons plus rien à manger. Cela fait plusieurs semaines que nous devons nous contenter d'un repas par jour. Mes jeunes frères et sœurs ont le ventre vide, ils pleurent très souvent. Les conversations entre mes parents se terminent en disputes. Ma reproche à mon père de ne pas rapporter assez d'argent pour nourrir toute la famille. Forçant ainsi Baba à mendier du riz aux voisins. Il en a honte, mais c'est le seul moyen pour que ses enfants aient leur prochain repas. Les gens du village connaissent notre situation et donnent ce qu'ils peuvent. Par solidarité. Nous sommes de la même caste, de la même communauté, du même village.

La journée, j'aide mon père à rouler des cigarettes afin qu'il puisse gagner plus d'argent. Je prends sa place quand il a des crampes ou quand son dos le fait trop souffrir. J'ai les mêmes gestes que lui mais pas son endurance. Je fatigue très vite après quelques centaines de bidis roulés.

Ma grande sœur Josna a trouvé du travail dans une usine de briques. Les conditions y sont très difficiles. Elle dort sur place et, quand elle rentre, elle confie qu'elle a du mal à respirer. Elle inhale des fumées toxiques toute la journée, se plaint aussi de douleurs dans le dos, mais pour rien au monde elle ne quitterait ce job. Sans son salaire, nous ne pourrions pas vivre.

Un matin, Ma me demande d'aller aux champs des Mahatos, une riche famille de propriétaires terriens dans la région du Bengale. C'est à environ une heure de marche. Je traverse les sillons et je crains de croiser des serpents. Je suis terrorisée par les reptiles et je sais que leurs morsures peuvent être mortelles. Plusieurs villageois se sont déjà fait piquer par des cobras.

Lorsque j'arrive à la rizière, il est environ 7 heures du matin. La chaleur est encore supportable. Je vais à la rencontre du propriétaire. Il me confirme qu'il a besoin de main-d'œuvre mais préviens que le travail est difficile, surtout à cette période de l'année où il fait très chaud durant la journée. Je dois arracher les herbes hautes. Celles qui parasitent les tiges de riz. Je me dis que si mes parents n'avaient pas autant d'enfants, ils pourraient subvenir à leurs besoins sans devoir mendier auprès des voisins. J'ai l'impression d'être l'une de ces mauvaises herbes. En fin de journée, je suis exténuée, j'ai mal au dos, aux jambes, aux mains et j'ai le visage brûlé par le soleil. Le propriétaire me félicite pour mon ardeur, me remet un sac de *muri*[1] et 50 roupies[2] en pièces. Il me demande de revenir le lendemain à la même heure car il faudra planter les graines.

Je retourne à la maison accompagnée d'autres enfants des villages avoisinants. C'est à peine si je peux porter le sac sur mes épaules. Il est 17 heures, j'ai presque envie d'aller me coucher mais je dois encore aider Ma à enlever les coques des grains de riz avant de le faire cuire.

Le travail dans les rizières est éreintant, mais il faut en profiter car une fois la saison des pluies arrivée, il n'y aura plus de travail. Le propriétaire nous rémunère désormais 100 roupies par jour. C'est le double d'auparavant et autant d'argent ramené à la maison. Le soir, je ramène le sac de riz serré contre ma poitrine, une main en dessus et une autre en dessous du paquet de peur qu'il ne se déchire. Je pleure abondamment sur le trajet. Je pense que c'est la fatigue après autant d'efforts. Ma mère cuisine le riz dans une grande casserole. J'ai très faim. J'ai la tête qui tourne. Nous sommes cinq

---

1. Riz soufflé.
2. Un euro équivaut environ à 70 roupies.

autour du plat. Il n'y en aura pas assez pour tout le monde. J'espace mes bouchées avant de me reculer discrètement. Plus tard dans la soirée, je saisis le panier de Baba et je roule quelques cigarettes. Au bout de quelques centaines, je m'effondre sur une paillasse près de la porte, tout habillée. Je me réveille en pleine nuit, frigorifiée par les basses températures nocturnes.

Baba rénove le toit afin qu'il n'y ait pas de fuites durant la mousson. Dans la soirée, à mon retour de la rizière, il me demande si je souhaite retourner à l'école. Je réponds par la négative. Si je suis en classe, cela signifie que je ne pourrai plus gagner d'argent dans les champs ni rouler suffisamment de bidis lorsque mon père aura terminé ses dix heures de travail quotidien. Le calcul est vite fait : ce n'est pas rentable d'aller à l'école. Plusieurs personnes sont venues dans le village durant la journée et ont demandé à toutes les familles si leurs enfants travaillaient. Soit avec eux, soit chez un employeur. Elles ont ensuite convaincu mon père que je devais aller à l'école. C'est obligatoire pour quelqu'un de mon âge.

— Je ne veux pas y aller et je n'irai pas !

— Rekha, si tu vas à l'école, tu ne seras pas obligée d'aller planter des pousses de riz jusqu'à la fin de tes jours. Regarde-moi ! Je suis usé par toutes ces années de labeur, je ne peux plus m'asseoir, j'inhale du tabac depuis tellement longtemps que j'ai du mal à respirer et ma vue baisse.

— Je vais t'aider ! Josna est absente mais moi, je peux rouler des cigarettes à ta place ! Je sais le faire maintenant. Regarde, tu vois que je peux facilement en faire cinq cents. À nous deux, nous aurons plus d'un millier de cigarettes par jour…

— Je ne veux pas mettre en danger ton avenir. Si tu es éduquée, si tu sais lire et écrire, tu nous seras encore plus utile.

— Tu penses que c'est mieux ? À cause de la dot ?

Mon père est gêné par ma réplique. Il tourne la tête et confie :

— Oui, ta mère et moi espérons payer moins si tu es scolarisée…

— Je ne compte pas me marier.

— Il faudra bien, pourtant. Quand tu auras une dizaine d'années, nous te trouverons le meilleur mari possible…

Je dois être dans ma septième ou huitième année. J'ai du mal à imaginer que dans moins de deux ans je serai l'épouse d'un homme.

— Si je vais à l'école, ce n'est pas pour faire baisser ma dot, mais pour étudier et devenir quelqu'un d'important et qui gagne bien sa vie…

Ils sont venus tôt dans la matinée, sont passés de famille en famille pour rencontrer les enfants un par un. Ils m'ont demandé ce que je faisais comme travail et si j'avais déjà été à l'école. J'ai répondu que j'étais heureuse comme cela et que je n'avais pas besoin d'aller en classe. Le personnel du NCLP est visiblement rôdé à ce genre de discours. Ils m'ont dit que mes parents allaient être dédommagés si j'étais scolarisée. Il s'agit d'un programme du gouvernement du Bengale dont le budget a été approuvé par l'exécutif de New Delhi. Je me suis engagée à venir tous les jours en classe.

Dès le lendemain, ma vie a changé du tout au tout. Saraswati, Budhimuni, Sunita, Afsana – mes meilleures amies – et moi-même sommes dans la même école. L'établissement se situe à quelques centaines de mètres de nos maisons, près du temple de Saraswati, la déesse de la Connaissance. Notre instituteur, Atul, est très accueillant. Il nous a longuement félicitées d'être venues, avant de nous faire visiter les lieux. Notre classe est au premier étage du bâtiment annexe de l'école classique. Nous sommes un peu plus âgées et les enseignants craignent qu'il n'y ait un décalage avec les autres élèves ; par ailleurs, notre programme est accéléré, l'idée étant que nous rattrapions les notions de base en trois ans, alors que les autres élèves doivent, eux, étudier cinq années.

Nous avons ensuite rencontré Arjun, notre directeur, qui sera également notre professeur de mathématiques et d'anglais. Il nous a lui aussi remerciées d'être venues tout en nous souhaitant beaucoup de succès dans notre nouvel environnement. Il nous a remis à chacune un livre, un cahier et un stylo, une ardoise et des craies.

La pièce est grande, les tableaux noirs fixés sur les murs opposés sont usés. Il y a deux grandes fenêtres couvertes par des grilles, une chaise pour l'instituteur et une grande natte en rotin pour les élèves. La classe est séparée en deux. Pendant qu'une moitié étudie le bengali, l'autre moitié est tournée vers le second tableau et apprend l'histoire ou la géographie. C'est très perturbant car il n'y a aucune séparation, et par moments je n'arrive plus vraiment à savoir qui parle et qui enseigne quoi. Je choisis donc de m'installer au premier rang.

Je sens qu'Atul m'aime bien. C'est un bon instituteur. Il est très doux et il n'élève jamais la voix. Quand un écolier ne comprend pas la question ou peine à saisir une notion, il reformule ses propos tout en glissant parfois des indices de réponse dans sa question. Il est très pédagogue et tient toujours à ce que nous répondions par nous-mêmes, quitte à nous aider quelquefois de façon très visible.

Le cours commence toujours avec l'hymne indien, puis nous entonnons quelques chansons en bawul. Atul me complimente sur ma voix et dit aux élèves de prendre exemple sur moi. Je suis flattée mais toujours très intimidée et gênée lorsqu'on me demande de chanter devant mes camarades. Ensuite, nous apprenons la grammaire et le vocabulaire bengalis. Durant ces quelques heures, nous n'avons pas besoin de travailler dans les rizières ou ailleurs. La recréation est un des moments privilégiés de la journée où tout ce que l'on exige de nous, c'est que nous jouions – que nous nous comportions comme des enfants et non comme des adultes. Nous avons aussi des cours concernant l'hygiène et l'importance de l'éducation dans nos vies futures. J'apprends ainsi que nous devons nous laver les mains plusieurs fois par jour et que prendre une douche avec savon et shampoing est nécessaire au moins une fois par semaine.

Cette première année est de loin mon expérience la plus enrichissante jusqu'à présent. Je suis assidue en classe et je trouve les cours faciles. Je deviens d'ailleurs très vite l'une des meilleures élèves de la classe. Je sais compter jusqu'à mille et je connais l'alphabet par cœur. Je comprends l'intérêt de ce qu'Atul et Arjun nous enseignent.

De retour à la maison, je confie que j'adore l'école. Ma mère, insensible à mon enthousiasme, me demande de faire la vaisselle et de ranger la maison. J'obtempère, de peur qu'elle ne se mette en colère contre moi. Ses yeux vitreux semblent sortir de leurs orbites. Il est temps d'aller voir un autre médecin que celui du village, qui, comme dit mon père, ne lui prescrit que les médicaments qu'il a et non ceux dont elle a besoin pour guérir. Baba roule machinalement des bidis assis sur un épais coussin. Il gesticule dans tous les sens afin de trouver une position confortable pour son dos. Je lui propose d'aller s'allonger quelques minutes, prends le panier et roule des bidis afin qu'il puisse atteindre son quota journalier.

3

Le mauvais œil

J'ai l'impression que les hurlements déchirent le ciel et éventrent la lune. Combien sont-ils à l'intérieur ? Je ne sais pas. J'ai arrêté de compter après la cinquième ou sixième personne. Dans la cour de la maison, les enfants des voisins sont terrorisés par les cris de ma sœur. Les femmes pleurent, les hommes angoissent en silence. Certains pensent se rendre utiles en priant et en invoquant les dieux. D'autres attachent leur bétail de peur qu'il ne s'échappe dans les champs, effrayé lui aussi par ces bruits terrifiants.

— Il faut appeler un médecin, dit un des villageois.

— À cette heure-ci de la nuit ? réplique un autre.

— Pour quoi faire ? répondent certains.

— Ces sages-femmes sont venues de leur village pour nous. Elles ont beau être d'une communauté différente, ce sont des professionnelles de l'accouchement. On dit même qu'elles font des miracles, y compris quand la mère est jeune ou souffrante durant les contractions, affirme une grand-mère qui a donné naissance à huit enfants.

Mais cette nuit, il n'y aura pas de miracle. Baba sort de la maison les bras ballants. Les regards se tournent vers le sol, la foule gênée se disperse mollement. Je me glisse en direction de la maison et par l'entrebâillement de la porte je distingue ma sœur Josna entourée de plusieurs femmes. Elle est immobile, peut-être morte déjà. Les sages-femmes tapotent le bébé tête en bas de plus en plus fort. Aucune réaction du nourrisson. Ma mère affaissée sur la poitrine de ma sœur sanglote. Je ne sais pas si je dois entrer ou retourner dans la cour avec les autres enfants. Prudemment, je choisis de rebrousser chemin. C'est la deuxième fois que ma sœur tente d'enfanter sans y parvenir. Peut-être même en y perdant la vie cette fois-ci.

Ma sœur et moi sommes très proches malgré la petite dizaine d'années qui nous séparent. Deux complices qui aiment prendre soin l'une de l'autre. Elle me surveille lorsque les parents sont absents, cuisine mes repas, m'emmène à l'étang pour que je puisse me laver. Josna est plus qu'une grande sœur, elle est une amie à qui je peux me confier et nous partageons tous nos petits secrets sans crainte.

Mes parents lui ont présenté son premier mari lorsqu'elle a eu douze ans. Un type qui vient d'un village voisin dont les parents sont agriculteurs. Il n'est ni attirant ni repoussant. Un physique quelconque, avec un fin duvet sur la lèvre supérieure. Il n'a presque plus de cheveux sur le sommet du crâne. Ses mains épaisses et calleuses ont convaincu mes parents qu'il serait un bon mari. Son côté travailleur, capable de fonder une famille et de la nourrir a été déterminant aux yeux de ma mère. La rencontre a eu lieu chez nous. Ses parents sont venus demander la main de Jyotsna qui ne l'avait évidemment jamais vu auparavant. Pour faire bonne impression, mes parents ont acheté un quart de poulet, un kilo de riz de meilleure qualité que d'habitude et des *rotis*[1] beurrés à l'huile. Ma a cuisiné un plat en sauce. La discussion a duré quelques heures et quand est venu le moment de parler concrètement de la noce, les deux tourtereaux ont été invités à se découvrir.

Ma sœur est gênée, lui aussi. Ils s'assoient sur le trottoir d'en face, bien en vue des parents. Josna est tournée de trois quarts. Son voile recouvre presque toute sa tête. Ils ont parlé, ou plutôt chuchoté, pendant quelques minutes sous les regards amusés des enfants du village.

Plus tard, le repas est servi, les hommes se mettent alors autour de la table que mon père a empruntée à son frère. Les femmes leur servent à

1. Pains indiens.

déjeuner. La mère du prétendant loue les qualités de son fils :

— Il est travailleur, jeune, intelligent. Il aurait pu aller à l'école et devenir quelqu'un d'important mais il faut bien que quelqu'un aide à cultiver les champs. Après tout, c'est pour cela que l'on a des enfants, non ?

Ma met en avant les points forts de Josna : sa beauté, sa jeunesse, ses talents culinaires et sa capacité à s'occuper des enfants. D'ailleurs, Josna élève ses jeunes frères et sœurs depuis plusieurs années déjà.

Au moment du *chaï*[1], l'union est scellée, la dot, fixée. Ce sera 10 000 roupies. Les frais de la cérémonie reviennent au père du marié. Baba est ravi, il pensait en avoir pour 15 000 ou 20 000 roupies et payer la moitié des frais du mariage. Mais il est vrai que son gendre n'a pas été à l'école ni même dans une ville. Il aurait été insensé de payer plus cher. D'autant qu'il n'a ni véhicule, ni patrimoine personnel, ni parents fortunés, ni grand terrain agricole qui pourrait générer des revenus confortables.

Le mariage aura lieu dans un mois. Tout a été réglé en l'espace d'un repas. Dans une trentaine de jours, ma sœur aînée sera sous la responsabilité de son futur mari, et une bouche de moins à nourrir pour Baba. Josna est triste de devoir quitter la

1. Thé au lait aux épices.

maison et de partir habiter chez un homme dont elle ne connaissait même pas l'existence le matin même et avec qui elle va désormais passer le reste de sa vie.

Le jour des noces, ma sœur est resplendissante. Son sari est moucheté de paillettes étincelantes et ses mains, décorées de fins motifs de henné. Elle est drapée dans un grand tissu blanc. Comme pour chaque mariage, tout le village s'en est mêlé. Les musiciens sont des amis de Baba, les carrioles pour la procession sont celles des voisins, les marmites qui servent à préparer la nourriture pour les invités appartiennent aux parents de Ma. Le cortège est composé du reste du village.

Le prêtre hindou, face aux époux, célèbre leur union, dicte leurs devoirs pour le reste de leur vie. La couronne de fleurs remise à ma sœur par son mari marque le début des chants et des danses qui dureront plusieurs heures. Pour des raisons économiques, le mariage se déroule sur une seule journée. Le beau-père de Josna n'a pas les moyens d'offrir plus. Durant toute la cérémonie, j'ai vu l'angoisse de ma sœur à l'idée de quitter sa famille. Elle a l'air perdue au milieu de toutes ces félicitations, et tous ces regards la perturbent plus qu'ils ne la rendent heureuse. Je n'ai pas besoin de lui parler pour savoir ce qu'elle pense. Nous nous connaissons suffisamment. Elle réalise qu'elle ne sera plus jamais une enfant et qu'elle vient brusquement d'entrer dans l'âge adulte une fois pour toutes – bien qu'elle ne soit encore qu'une adolescente. Je lui promets de lui rendre visite dès que possible. Elle s'engage à revenir nous voir chaque mois. Ses beaux-parents n'y voient aucun inconvénient, à condition que Josna ne reste pas plus de deux jours et une nuit.

J'étais loin de m'imaginer qu'au bout d'un mois de mariage, ma sœur reviendrait habiter chez nous.

— Que se passe-t-il ? demande mon père en la voyant revenir chargée comme une mule.

— Il est parti !

Ma court à la rencontre de ma sœur, la secoue comme un manguier et demande des explications.

— Qu'as-tu fait ? Pourquoi est-il parti ? Et où est-il parti, d'ailleurs ?

— Je ne sais pas, Ma, cela fait deux semaines qu'il a disparu ! Ses parents n'ont pas de nouvelles non plus. Ils pensent qu'il est allé rejoindre son frère à Calcutta.

— Mais enfin, on ne quitte pas sa famille et sa femme sur un coup de tête ! intervient mon père.

— Évidemment que non ! Elle ment ! Elle a dû faire quelque chose qui l'a énervé ! vocifère Ma.

— Je n'ai rien fait de mal, Ma ! J'ai obéi et fait tout ce qu'ils m'ont dit de faire : j'ai cuisiné, fait le ménage sans jamais broncher ni protester… Et maintenant je suis fichue ! Plus personne ne voudra de moi !

Josna est en larmes. Le mariage est consommé, elle est impure, aucun autre homme ne voudra l'épouser. Personnellement, je suis très heureuse qu'elle soit de nouveau parmi nous, mais je comprends rapidement qu'elle ne sera jamais mère de famille.

— Allons voir la famille, dit ma mère rageuse en attrapant le bras de Baba, sous le choc du retour de ma sœur.

Ma m'ordonne d'aller lui chercher son foulard. Quand je le lui remets, elle avance à grands pas dans la rue principale du village, en direction de la maison des beaux-parents de Josna.

Ma sœur refuse de me parler. Elle s'est blottie sur sa paillasse à l'intérieur de la maison pour fuir la honte. Les premiers voisins passent devant chez nous pour tenter d'en savoir plus. Je ne leur dis pas un mot.

Quand les parents reviennent, ma mère est encore plus furieuse qu'avant. Mon père a la mine sombre. Non seulement leur fille n'est plus vierge, mais l'argent de la dot est gaspillé alors même que Baba s'est endetté pour la payer.

Ma mère est allée voir le *panchayat*[1], lui a expliqué la situation mais il n'y a rien qui puisse être fait. Le fils a disparu, avec l'argent. Ses parents

1. En Asie du Sud, assemblée dont le rôle est de régler des différends entre individus ou entre villages.

n'ont aucune nouvelle. Ils sont d'ailleurs sincèrement désolés de la situation. Ils savent que leur réputation est désormais scellée et que personne ne leur fera plus confiance. Leurs autres fils ne trouveront pas de femmes, à moins de chercher à plusieurs dizaines de kilomètres de leur village. La police locale propose de mettre l'époux manquant et déserteur sur la liste des personnes recherchées. Tout en précisant qu'il n'y a quasiment aucune chance de le retrouver s'il s'est réfugié dans une grande ville comme Calcutta. S'il a quitté l'État du Bengale-Occidental, il n'y a aucune chance de le tracer.

Depuis, Josna pleure tous les jours. Durant une longue période de dépression, elle refuse de se nourrir. Elle maigrit à vue d'œil. Ma mère peste tous les jours contre tous les hommes de la terre. Elle non plus n'arrive plus à manger. La colère et l'amertume la rongent.

Tout change lorsque le père de Badhari vient frapper à notre porte et demande à parler à Baba.

— Namasté, Karno. Je viens te voir car je souhaite marier mon fils Badhari. Tu le connais ?

— Non.

— Tu l'as rencontré au marché hebdomadaire, pourtant. Un grand gaillard, très fin. C'est le plus grand de mes fils.

— Je ne vois pas très bien mais peu importe. Qu'est-ce qui te fait dire qu'il pourrait convenir à ma fille ?

— C'est lui qui m'en a parlé. Il m'a demandé l'autorisation de l'épouser. Je n'y vois pas d'inconvénient. Même si elle a déjà été mariée…

— Oui, c'est une expérience malheureuse que les dieux ont mise sur son chemin.

— De combien est sa dot ?

— Pas énorme, malheureusement. Je ne peux offrir que 10 000 roupies. Mais ma fille est encore jeune. Elle n'a que douze ans et demi. De plus, elle est belle et travailleuse. Elle est employée dans une usine de briques. C'est un très bon parti pour qui veut l'épouser.

— Va pour 10 000 ! C'est mon dernier fils et je voudrais le voir fonder une famille avant que je ne quitte cette vie.

C'est un véritable miracle qui vient de se produire. Ma annonce à Josna qu'elle lui a finalement trouvé un époux. Une aubaine aussi peu de temps après la première mésaventure. Ma sœur reste toutefois prudente et craint une nouvelle mauvaise expérience douloureuse.

Quelques mois après l'union, Josna a des vomissements et des vertiges. Elle n'est plus en mesure d'aller travailler à l'usine de briques. Le travail est trop pénible, les fumées, trop toxiques et elle a constamment mal au dos. Ce n'est qu'au bout de quelques mois qu'elle réalise qu'elle est enceinte pour la première fois.

L'accouchement est très douloureux. Les contractions durent plusieurs heures. Ma sœur hurle pendant une bonne partie de la journée sous le regard de sa belle-mère qui tente de la calmer afin qu'elle donne naissance à son enfant le plus rapidement possible. Je suis inquiète. Je me demande si toutes les femmes doivent subir le même sort lorsqu'elles enfantent. Tout le monde semble soulagé lorsque les premiers pleurs du nourrisson emplissent la pièce. Le bébé est très maigre, comme sa mère. De plus, Josna n'a pas de lait. Il faut mélanger un peu d'eau et de sucre et nourrir le bébé à la cuillère, bien qu'il soit trop petit pour ouvrir la bouche. Il est également trop jeune pour avoir un prénom. Par précaution, et par superstition, les parents ne donnent un nom définitif à l'enfant que lorsque celui-ci a atteint quelques mois.

L'enfant meurt dans les semaines qui suivent sa naissance.

Ma sœur est effondrée. Moi aussi. J'aurais voulu qu'il vive. Baba s'est occupé de faire incinérer le corps sans qu'aucun d'entre nous ne puisse assister à la crémation.

Aujourd'hui, ma sœur vient de donner naissance à un autre enfant qui, lui, n'a pas même vécu quelques heures. Les sages-femmes avouent avoir craint pour la santé de Josna. Jamais elles n'avaient vu autant de complications durant un accouchement. Elles félicitent Josna d'avoir survécu à cette épreuve. Ma sœur va au temple de Krishna pour remercier la divinité de lui avoir laissé la vie sauve. Badhari fait une donation au temple afin que l'avatar de Vishnou facilite la venue de leur prochain enfant.

Mais les dieux sont restés sourds aux demandes du jeune homme. Le troisième accouchement est aussi terrifiant que les précédents. Après plusieurs heures de douleurs, de cris et de larmes, ma sœur donne naissance à un enfant mort-né. Josna semble inconsciente. Ma mère la secoue tout en hurlant des prières et en suppliant les dieux de lui laisser sa fille. Josna passe une nouvelle fois près de la mort, mais elle est à peine remise que les ennuis reprennent. Les parents de Badhari la jugent impropre à la maternité et par conséquent indigne d'être la femme de leur fils. Ils sont venus en personne demander que le couple se sépare afin que leur cadet puisse se remarier avec une femme fertile et capable d'enfanter.

— Reprenez votre fille ! Nous n'en voulons plus !

La discussion est vive. Les deux mères argumentent férocement. La première défend le droit qu'a son fils d'avoir un héritier, Ma réplique que sa fille est parfaitement normale et qu'elle ne laissera pas Badhari divorcer ni gâcher la vie et les chances de

Josna d'avoir un enfant et de fonder une famille. Le compromis est atteint après plusieurs heures de négociations : Josna va aller voir un médecin afin qu'il détermine si ma sœur a une malformation naturelle l'empêchant de mettre au monde correctement. Les frais revenant à la charge de Baba, soit l'équivalent d'une semaine de travail. Une fois les résultats connus, Badhari devra décider s'il souhaite rester avec Josna ou s'en séparer. En attendant, Josna devra revenir habiter à la maison.

Ces jours sont les plus longs pour la famille. Tout l'argent de mon père passe dans les examens médicaux. Il est endetté jusqu'au cou ! Baba ne parvient pas à gagner suffisamment pour acheter de la nourriture. Il mendie aux portes des villageois et ne revient qu'avec du liquide amidonné, l'eau dans laquelle les voisins ont fait cuire leur riz.

Le verdict du médecin tombe au bout de quelques semaines : Josna est parfaitement normale. Aucune malformation n'est décelée. En revanche, son âge pose un problème : elle est trop jeune pour enfanter. Les parents sont soulagés. Forts de ce diagnostic incontestable, Baba et Ma vont voir la famille de Badhari et les supplient de renoncer au divorce. Mais le jeune époux estime avoir été suffisamment patient. Malgré son attirance pour Josna, il doit la quitter et trouver une autre femme. Ma sœur, dans un ultime effort pour sauver son couple, supplie son époux de ne pas l'abandonner. L'implore de lui laisser encore une chance. Badhari, touché, conclut que ma sœur n'y est finalement pour rien. Qu'il doit faire face à son destin plutôt que de blâmer Josna. Il demande à ses parents de l'accepter comme elle est.

Mais le sort s'acharne. Bien que le couple décide de ne pas faire d'enfant tout de suite, Josna tombe à nouveau enceinte. Durant toute la grossesse, elle va régulièrement au temple de Krishna, ménage ses efforts en restant allongée. Elle a renoncé à son travail dans l'usine de briques. Pour compenser le manque à gagner, elle roule des bidis à longueur de journée. Le salaire est moins important mais cela nous permet d'acheter du riz et quelques légumes.

Quand arrive l'accouchement, c'est de nouveau un drame. Josna donne à nouveau naissance à un enfant mort-né. Des rumeurs circulent dans le village. Les voisins parlent d'une malédiction, d'un mauvais karma. Je prends ma sœur dans mes bras alors qu'elle est encore couverte de transpiration. Je lui chuchote qu'il faut maintenant renoncer à avoir un enfant. Sinon elle va finir par y perdre la vie.

Elle reste allongée plusieurs jours dans une pièce minuscule qui sert aussi de cuisine chez les beaux-parents. La situation devient complexe. Faut-il renoncer à la maternité ou tout simplement au mariage ? Je suis infiniment triste pour Josna ; sur son visage, les traits émaciés ont remplacé la rondeur et la beauté d'auparavant.

Un matin d'hiver, Josna s'apprête de nouveau à accoucher. Une folie, selon certains de nos voisins, qui sont persuadés que cette fois-ci elle va y passer. Ma sœur est anxieuse et stressée mais elle doit donner naissance à cet enfant. Au risque d'y laisser sa vie. Comme d'habitude, les douleurs, les cris, les sanglots attirent le voisinage. Après d'interminables heures de travail, Debu[1] naît. Je suis dans la cour et je prie pour qu'il vive longtemps.

1. « Petit dieu » en hindi.

4

« Petit dieu »

Le troupeau, affolé par les sons stridents des Klaxon, s'échappe dans toutes les directions. La camionnette manœuvre tant bien que mal parmi cet amas de muscles et de chair. Elle tente de se frayer un chemin, alors que le berger essaie de regrouper ses bêtes à l'aide d'une tige de bambou et de sons incompréhensibles. Un jeune veau traverse juste devant le véhicule afin de se blottir contre sa mère de l'autre côté de la route : la camionnette pile, le conducteur vocifère contre le paysan, ce dernier l'ignore tout en menaçant une de ses vaches avec son bâton. Badhari tente de se protéger contre cette marée bestiale dont le comportement chaotique effraie tous les villageois à proximité, rassemblés au croisement entre la route principale et le chemin de campagne qui mène au hameau de Sampur.

Depuis quelques semaines, chaque soir, les hommes reviennent au village en groupe, depuis que plusieurs d'entre eux ont été agressés. Les voleurs profitent de la pénombre du crépuscule pour dévaliser les imprudents qui se risquent à rentrer seuls, salaire en poche, en empruntant le chemin long de cinq kilomètres qui sépare la route principale de la maison. Mon beau-frère s'est déjà fait détrousser sous la menace d'armes blanches. C'est pour cette raison que désormais les habitants s'attendent devant la statue d'Hanuman[1] dressée au bord de la nationale où l'éclairage public et quelques commerçants dissuadent les brigands. La police refuse d'intervenir dans ce secteur à la tombée de la nuit, principalement de peur d'être la cible d'attaques de groupes maoïstes[2]. Ce vide sécuritaire a aussitôt profité aux bandits, qui n'hésitent pas à brutaliser les villageois et à délester les ouvriers de leur paie journalière ou hebdomadaire. Si mince soit-elle.

Les hommes longent le petit étang, puis quelques champs avant d'emprunter le long sentier qui mène au village. Ils marchent vite, il faut arriver au lavoir en périphérie du hameau de Sampur dans moins d'une heure, avant qu'il ne fasse nuit noire. Durant le trajet, ils échangent les dernières informations sur tel ou tel employeur à la recherche de main-d'œuvre

---

1. Dieu hindou à la tête de singe ; son culte est très répandu dans la région du Bengale.

2. Mouvement armé insurrectionnel et révolutionnaire présent dans plusieurs régions en Inde.

pour une mission ponctuelle. C'est aussi l'occasion de donner des nouvelles de sa famille et d'en prendre des autres.

En arrivant, Badhari glisse l'argent gagné dans les mains de ma sœur et dépose le sac plastique à peine rempli de courses sur le lit. Il y a 150 roupies[1], quelques légumes et des biscuits secs pour Debu.

— Il faut emmener le petit au temple, murmure Badhari, essoufflé par l'heure de marche ainsi qu'une journée d'effort.

— Quand ? lui répond Josna en rangeant les tomates et les oignons au pied du lit, juste à côté des gamelles et des cendres du foyer.

— Il va avoir presque six mois et il est temps qu'il porte un nouveau *tabij*[2]…

Josna soulève son sari et donne le sein à Debu.

— Il mange de mieux en mieux et mon lait est abondant, tout va bien pour l'instant, mais tu as raison, je serai moi aussi plus rassurée s'il porte un nouveau tabij.

— Demain il sera encore plus protégé qu'aujourd'hui, et son avenir le sera tout autant.

Dès que j'en ai l'occasion, je m'installe chez Josna et Badhari pour quelques jours. La belle-famille n'y voit pas d'inconvénient et j'ai appris à

1. Environ 2 euros.
2. Talisman.

me rendre utile, notamment en aidant ma sœur à s'occuper de Debu. Mon neveu est en effet très protégé : il porte un tabij, un kabach et deux maduri. Celui autour du mollet apporte la bénédiction à la fois de la Lune et du Soleil – en d'autres termes, la santé physique et la paix intérieure. Quant à la ficelle de soie tressée autour de la taille, elle permet au corps de bien assimiler la nourriture ingurgitée.

Chacun des bracelets aux poignets provient d'un ferrailleur de Purulia, mais ces amulettes ont été l'objet d'un rite particulier afin qu'elles puissent agir efficacement. Le bracelet au biceps où est accroché un petit cylindre a pour but d'éloigner les ondes négatives émises par les âmes errantes avides de nourriture. Le kabach sert à surmonter toutes les difficultés à venir. En cas de maladie ou de blessure, Debu guérira vite et cicatrisera plus facilement. Les incidents dangereux ou mortels seront balayés de son destin.

Dès la naissance de Debu, ses parents sont anxieux et craignent qu'il ne subisse le même sort que les précédents bébés. Ils suivent tous les conseils que les anciens peuvent leur prodiguer. Ils vont au temple très souvent, remplissent leurs obligations en effectuant des offrandes et en entourant leur fils d'innombrables porte-bonheur. Si Debu venait à disparaître, aucun des parents ne s'en remettrait. Le nourrisson tant espéré est entouré d'affection et de précaution. Je m'occupe de lui avec le plus grand soin. Après tout, ma sœur m'a élevée dès mon plus jeune âge tandis que mes parents travaillaient dans les rizières de l'aube au crépuscule.

L'heure est venue de célébrer le rituel d'Anna-prasan, qui marque le moment où les nourrissons peuvent avaler des aliments solides. Josna et Badhari renoncent à faire une fête, comme c'est la tradition. Ils n'ont pas assez d'argent. Le travail de mon beau-frère suffit à peine à nourrir la famille. Nous nous rendons au temple avec uniquement les proches : mes parents et mes beaux-parents, les trois frères de Badhari et leurs enfants, ainsi que mes frères et sœurs. D'autres enfants du village se joignent également à la cérémonie. Le prêtre hindou récite une *puja*[1] aux dieux Krishna et Shiva. Il invite les doyens mâles à nourrir Debu avec une boule de riz mélangée à du lait et du sucre. Plusieurs pots en argile contiennent un stylo, un livre, des bracelets en métal et de la terre. Ce que Debu choisit déterminera son avenir. Il plonge la main au milieu des bracelets. Josna sourit : ils symbolisent la bonne santé et une longue vie.

Chaque matin, Badhari se lève à l'aube et part le ventre vide à Purulia. Lorsqu'il arrive à la station

---

1. « Prière » ou « rituel religieux » en hindi.

de pousse-pousse, il doit faire la queue comme une centaine d'autres personnes.

— As-tu un pousse-pousse disponible ce matin, Gopal Babu ? demande mon beau-frère au propriétaire d'un important parc de vélos-taxis.

— Je pense que oui mais je ne pourrai te le dire que vers 10 heures du matin. J'ai quelques désistements en prévision mais rien de confirmé pour l'instant.

— Je reste dans le coin. Je compte sur toi, Gopal Babu, il faut que je travaille, j'ai une famille à nourrir.

— Tout le monde a une famille à nourrir, mais je n'ai que cent cinquante véhicules ! Ne t'inquiète pas, je sais que tu es honnête et que tu travailles bien. Je vais te trouver une place, reste dans les parages…

Gopal Babu est un vieil homme avec une longue barbe blanche toujours taillée avec soin. Toute la ville de Purulia connaît son histoire. Lorsqu'il était jeune, il s'est endetté auprès d'un prêteur d'argent local pour s'acheter son propre vélo-taxi, afin d'être à son compte. En vingt ans, Gopal Babu a parcouru des dizaines de milliers de kilomètres sans jamais quitter la ville de Purulia ou ses environs. Il n'a pas pris un seul jour de repos, pas même après l'accident qu'il a eu avec un camion de marchandises et qui lui a coûté un bras. Des habitants l'ont retrouvé gisant au bord de la route. Le chauffeur du poids lourd avait pris la fuite. Son membre gauche est depuis à demi paralysé. Le lendemain, Gopal Babu a repris son véhicule et a continué à travailler. Il a envoyé ses enfants à l'école durant des années. La tentation de les employer était grande mais il ne voulait pas que l'un de ses fils subisse ce qui lui était arrivé. Les adolescents ont grandi, passé leurs examens avec brio et Gopal Babu a demandé aux autorités de la ville de faciliter leurs démarches administratives afin qu'ils aient un passeport. Sans payer aucun pot-de-vin, le vieil homme a convaincu les autorités communistes qu'elles lui devaient cette faveur, d'autant plus qu'elles n'ont rien fait lors de son accident de la route. Un argument de choc que le vieil homme a gardé sous le coude pour s'en servir au moment opportun. Les enfants ont obtenu des visas et ont pu émigrer aux États-Unis. Plutôt que de se retirer et de profiter des mandats envoyés par ses enfants, Gopal Babu s'est mis à acquérir plusieurs pousse-pousse puis à les louer à la journée à des villageois qui n'avaient pas les moyens de s'acheter un véhicule. La gestion du parc étant de plus en plus prenante, Gopal Babu ne conduit plus. La nuit, les pousse-pousse sont dans le parking de la gare routière où deux gardiens se chargent de les surveiller jusqu'au petit matin.

Chaque jour, Badhari se présente au point de rencontre, situé dans la gare routière. Lorsqu'il n'y a pas de pousse-pousse, il patiente devant les échoppes, l'estomac creux ; il n'a pas même les moyens de se payer un chaï. Quand un rickshaw se libère, Badhari souffle. Il sait qu'il va gagner quelques roupies et que les frais de la journée sont couverts. En quelques heures, il parcourt plusieurs dizaines de kilomètres. Purulia est une ville trop petite pour avoir des transports publics efficaces et trop grande pour qu'on puisse s'y déplacer à pied. Une femme demande à aller au marché, un homme doit rejoindre son bureau, des enfants sortant de l'école doivent être reconduits chez eux. Il n'y a pas de temps à perdre, à peine un client descend qu'il faut en embarquer un autre, passer le moins de temps possible à vide. Les négociations interminables pour quelques roupies sont les plus pénibles ; il faut parfois accepter de pédaler pour moins que rien car la concurrence est féroce.

Les rickshaws pullulent comme des mouches dans cette région du Bengale. D'autant que les Bengalis qui ont réussi à passer la frontière entre le Bangladesh et l'Inde travaillent pour beaucoup moins cher. La journée, les vélos filent dans tous les sens et ne s'arrêtent que lorsqu'il le faut. L'autre danger est la panne ou la crevaison. Mais Badhari est courageux : si la chaîne casse, il pousse le cyclo jusqu'à destination. Si le pneu crève, il le répare en quelques minutes. Car la location coûte cher. Et au bout de la course, la moitié revient à Gopal Babu et la moitié au chauffeur. À 15 heures, il faut arrêter de travailler car le trajet du retour au village est long et doit impérativement se faire de jour.

Pendant un mois, mon beau-frère travaille en moyenne deux jours sur trois. Le reste du temps, il patiente, le temps que la situation s'améliore. Gopal Babu lui a proposé de travailler de nuit pour gagner plus d'argent. Badhari pourrait doubler son salaire s'il travaillait jusqu'à 20 ou 21 heures. En partant à la mi-journée, il rate les clients qui sortent des bureaux en fin d'après-midi, les personnes qui circulent le soir pour faire des courses ou tout simplement se déplacer dans la ville. Il y a quelque temps, il n'hésitait pas à dormir dans un recoin de la gare routière, mais depuis la naissance de son fils, il doit impérativement rentrer chaque soir.

Cela fait plusieurs jours que je suis chez la belle-famille et que je rate les cours. Je dois revenir à Bararola, d'autant que j'ai hâte de reprendre l'école. Ma sœur prépare ses affaires, elle va passer quelques jours à la maison afin que les parents puissent aussi profiter du bébé et voir à quel point il se porte bien.

À l'entrée du village, Josna s'arrête au temple de Radha. Les quelques mètres de ciment semblent à l'abandon. Aucune peinture n'a été faite, bref, les travaux n'avancent pas très vite. Tous les villageois sont censés contribuer à la construction du temple mais personne n'a vraiment les moyens de donner ne serait-ce que quelques roupies. Les donations sont rares, les estomacs sont vides. Les subventions proviennent essentiellement de la famille des Mahatos, la branche cousine des grands propriétaires terriens qui ont fait fortune dans l'industrie de la pêche en eau douce. Malgré l'état du temple, Josna récite quelques prières avant de pénétrer dans la cour de la maison quelques minutes après.

Nos frères et sœurs bondissent sur Debu, chacun veut le toucher et jouer avec. Baba prend le bébé dans ses bras quelques secondes avant de le rendre à Josna. Il nous précise que Ma n'est pas là. Elle travaille dans les rizières. Lui-même doit s'absenter pour aller remettre les bidis au négociant et récupérer du tabac et des feuilles pour les jours qui viennent. Je lui propose d'en prendre plus que d'habitude car Josna et moi pourront l'aider à rouler dès que nous en aurons l'occasion. Baba me dit que les professeurs sont venus tous les jours me demander. Je dois retourner à l'école dès que possible.

Je me suis fait gronder par Arjun, le directeur. Arjun n'a pas pris le temps de ranger son vélo dans la cour. Le directeur me demande des explications sur les trois précédents jours ratés. J'explique que je devais aider ma sœur qui vient d'avoir un enfant. Il ne veut rien savoir : les élèves doivent venir à l'école tous les jours, sauf en cas de maladie. Je promets de rester plus longtemps après la classe pour que mon instituteur puisse m'aider à rattraper le retard.

En fin de semaine, nous écoutons notre instituteur nous parler du droit des enfants. Je suis surprise d'apprendre que nous avons des droits et que nos parents ne peuvent pas disposer de nous comme ils le souhaitent. Dans mon esprit, j'appartiens à mes procréateurs et ils peuvent faire ce qu'ils veulent de moi jusqu'à ce que je sois mariée. Auquel cas je devrai m'en tenir aux décisions de mon futur mari. Je suis fascinée par l'idée que nous avons le droit de décider de nos vies et que nos parents ne peuvent pas nous forcer à prendre des décisions. Si seulement ma sœur avait été à l'école, elle aurait eu une vie plus facile ! Puis nous enchaînons sur un cours d'hygiène, où Atul nous explique combien il est important de se couper les ongles régulièrement. Encore une découverte : jamais je n'aurais pensé que des maladies peuvent être provoquées par des bactéries que nous avons sur les doigts.

Ma est aux petits soins avec Debu, elle est heureuse de voir que cet enfant né en plein hiver se porte bien. Elle est rassurée de savoir Josna capable d'enfanter, même si sa fille, couverte de cicatrices sur l'abdomen, aura du mal à surmonter une nouvelle grossesse.

— Heureusement que Debu est un garçon, dit-elle en le contemplant sans cesse.

5

Propositions

Mon père entre dans la cour avec deux gros sacs plastique. L'un contient les feuilles d'eucalyptus, l'autre, le tabac. Il me demande de lui apporter un seau d'eau pour y faire tremper les feuilles. Tandis qu'il installe son coussin et ses accessoires, je commence le processus d'humidification tout en lui racontant ce que je fais en classe. Je suis heureuse d'apprendre et de découvrir des nouvelles choses chaque jour. Je lui signale que les ongles sales sont porteurs de maladies et qu'il faudrait qu'il se lave les mains plusieurs fois par jour. Il sourit, lui qui n'a jamais vraiment connu sa mère et a tout appris sur le tas. Ma grand-mère maternelle, me raconte-t-il, est décédée quand il était encore un enfant. Le souvenir qu'il garde d'elle est celui d'une personne le visage marqué de pustules, dans un état fiévreux et allongée durant des jours. Elle a perdu la vue, puis les frissons et les hallucinations sont devenus de plus en plus fréquents. Mon grand-père a fait venir des personnes capables de la soigner. Notamment avec des méthodes ayurvédiques[1]. On disait qu'il fallait lui inoculer un autre virus pour qu'elle guérisse. Je n'ai pas compris ce que cela voulait dire, mais peu importe car ça n'a pas marché. Elle est décédée quelques jours plus tard, dans de terribles souffrances. Mon grand-père n'a jamais voulu se remarier. Baba a donc été élevé par la famille de son père : ses oncles et tantes et sa grand-mère. Il n'a été à l'école que quelques années. Il sait compter mais pas lire. Quand il s'agit d'écrire, la plupart du temps il recopie les caractères de mémoire sans faire le lien entre les lettres. Sa famille n'ayant aucune terre, ils ont tous travaillé en tant qu'ouvriers agricoles. Vers l'âge de dix ans, Baba a appris à rouler des bidis et depuis c'est son activité principale.

Les membres de notre caste se marient vers l'âge de dix ans. J'en ai neuf quand mes parents me suggèrent de me trouver un époux. Je suis furieuse contre ma mère qui en a parlé la première, en rage contre mon père qui ne s'est pas opposé à cette idée. Pour mes parents, il faut que je trouve un mari dès maintenant car ma dot est optimale, plus de 10 000 roupies ! Je proteste vigoureusement contre

1. L'ayurvéda est la médecine traditionnelle indienne ; elle vise à harmoniser le corps et l'esprit, l'individu et son environnement.

ce projet et cours me refugier chez mon oncle qui habite à quelques maisons de chez nous. Mes parents viennent me chercher, mais je suis tellement en colère que je refuse de les voir, et même de dormir à la maison cette nuit-là. Je suis terrorisée à l'idée de connaître la même expérience que ma sœur aînée. Mon oncle accepte que je passe la nuit chez lui, comme cela est souvent arrivé par le passé. Il rassure mes parents en leur promettant de me raccompagner le lendemain. Mon oncle ne me demande pas l'objet de ma dispute avec mes parents. Je retourne chez moi le lendemain, persuadée qu'au vu de ma réaction mes parents auront renoncé à leur projet. De peur d'une nouvelle confrontation, je pars directement pour l'école.

Notre instituteur nous enseigne l'histoire, l'anglais, les mathématiques et la littérature du Bengale. Je suis toujours désignée pour chanter l'hymne ou les prières. Malgré ma piètre voix, le directeur insiste pour que je sois celle qui guide les autres élèves. Je m'efforce de sortir des sons de ma gorge, de coller aux paroles malgré l'angoisse qui m'étouffe.

Comme chaque fin de semaine, nous avons droit à une demi-journée de discussions, au cours desquelles nos enseignants nous transmettent d'autres savoirs que scolaires. Cette semaine, il ne s'agit pas d'hygiène mais de la découverte d'expériences scientifiques. Cela se passe au musée des Sciences naturelles de Purulia. Je n'aime pas vraiment cet endroit, sauf peut-être l'atelier où il faut faire des mélanges de liquides et reconnaître les odeurs qui en émanent. L'avantage de ces sorties, c'est que nous sommes avec tous les autres élèves de l'école. Cela nous permet de croiser les enfants qui ont commencé la classe à l'âge normal. Pinky est l'une d'entre elles. Timide et très discrète, elle est fine, les cheveux presque blonds et avec de grands yeux clairs. Ses parents sont aussi pauvres que les autres habitants du village. Son père est parti il y a plusieurs années. D'abord à Purulia, où il est devenu chauffeur de bus. Puis à Calcutta, où il disait avoir un taxi. Durant des années, la mère de Pinky recevait régulièrement de l'argent par le biais d'intermédiaires que le père trouvait en ville. Il a été contacté par une agence spécialisée dans les placements à l'étranger. Il a quitté l'Inde pour un pays du Moyen-Orient où il aurait été recruté comme chauffeur particulier. Au bout de quelques mois, la mère n'a plus reçu d'argent ni même aucune nouvelle de son mari. Le téléphone sonne dans le vide quelle que que soit l'heure à laquelle la mère de Pinky appelle. Résignée, elle élève désormais Pinky et ses autres enfants seule. Elle travaille avec ma sœur dans l'usine de briques. Toute la journée, les femmes creusent la glaise à mains nues, en font des rectangles grâce à un moule marqué du nom du propriétaire, parcourent plusieurs centaines de mètres pour les faire sécher au soleil. Pinky et moi avons sympathisé pour la première fois au cours de ces sorties scolaires. Elle sait beaucoup de choses mais son côté réservé la rend un peu antipathique. Elle n'a pas beaucoup de camarades et très peu d'enfants aiment jouer avec elle. Durant la recréation, elle reste seule dans un coin de la cour.

Arjun, le directeur, nous rassemble et nous demande impérativement d'être présents la semaine prochaine. Je m'attends à une autre sortie scolaire au musée des Sciences naturelles.

De retour à la maison, le mariage revient de nouveau au centre de la conversation. Le fils d'un de mes oncles a demandé à m'épouser. Ma tente de me convaincre de le rencontrer.

— Il est de la famille et est prêt à accepter la dot que nous proposons !

— Je me fiche d'où il vient et de ce qu'il est prêt à accepter ! Je ne veux pas me marier, un point c'est tout !

— Ne sois pas égoïste et pense à ta famille ! Tu crois que ton père peut encore travailler dans ces conditions ? Il a constamment mal au dos et il a du mal à respirer à force d'inhaler du tabac depuis des années, tout ça pour te nourrir ! Tu te rends compte des sacrifices qu'il a faits durant tout ce temps ?

— Je l'aiderai. Je veux bien travailler après l'école pour qu'il puisse faire son quota de cigarettes par jour.

— Tu ne comprends rien, ma fille ! Tu nous coûtes trop cher et si nous ne te marions pas tant que tu es jeune et attirante, plus personne ne voudra de toi !

— Je ne veux pas me marier, tu m'entends ? Je suis inscrite à l'école et j'ai l'intention de continuer à y aller !

— Ce n'est pas toi qui décides ! Les Kalindi se marient toutes à ton âge. Si tu veux continuer à étudier, tu verras ça avec ton mari. Notre devoir de parents est de te trouver un époux avant qu'il ne soit trop tard.

— Je ne veux pas me marier !

La conversation est entrecoupée de hurlements. Mon père nous interrompt :

— Ça ne va pas, de crier comme ça, toutes les deux ! Vous voulez que tout le village vous entende ?

— Ta fille est obstinée et ne comprend pas la chance qu'elle a d'avoir autant de propositions. Elle ne pense qu'à elle et à sa fichue école. Comme si la nourriture poussait dans la cour ! Je t'avais dit que l'inscrire à l'école était une mauvaise idée, mais tu ne m'as pas écoutée ! Voilà le résultat ! Je vous laisse entre vous. Et puis tu iras expliquer à ton neveu qu'il ne peut pas épouser ta fille Rekha car d'après les dernières nouvelles, c'est elle qui décide, pas toi !

— Sois raisonnable, Rekha, cette proposition est une chance pour toi, tu devrais la saisir à la fois pour ton bien mais aussi pour le bien de ta famille. Pense à tes frères et sœurs, s'il te plaît… chuchote mon père d'un ton affectueux.

— Ça ne m'intéresse pas ! Je veux continuer à apprendre et travailler, comme tu l'as conseillé il n'y a pas si longtemps, tu te souviens, non ?

— Oui, mais c'était temporaire. Nous t'avons envoyée à l'école en attendant que tu trouves un mari ; maintenant tu n'as plus besoin d'étudier.

— Temporaire ? Mais tu sais à quel point l'école est difficile ! Je suis une des meilleures de la classe et tu veux que j'abandonne tout sous prétexte qu'un garçon qui ne me connaît pas veut une femme chez lui ?

— Quand j'ai épousé ta mère, je ne la connaissais pas non plus ! Cela ne nous a pas empêchés de fonder une famille…

— Une famille que vous avez du mal à nourrir ! C'est ça que tu veux comme avenir pour tes enfants ?

Je suis partie en direction de la maison de mon oncle. En empruntant le dédale de chemins de terre parmi les baraques en boue séchée pour brouiller les pistes. Je pousse la petite porte en métal en priant pour qu'elle ne grince pas comme d'habitude. Je grimpe l'escalier encore en construction en évitant de croiser la belle-famille de mon oncle. Je m'installe sur la grande terrasse de ciment, à l'abri de tous les regards. D'en haut, je contemple le puits aux abords de la maison. Les femmes se succèdent pour y puiser quelques seaux. Des enfants y remplissent des bidons d'huile usagés. Au loin, les ouvriers bêchent leurs champs. J'envie le jeune garçon qui pioche près de son père. Lui au moins semble maître de son destin. En bas, j'aperçois la belle-mère de mon oncle. Ses bras ressemblent à des pattes de poulet. Elle n'a qu'un filet de chair sur les os mais, malgré cela, elle travaille la terre du jardin pour y planter quelques tomates. Depuis qu'elle est veuve, elle s'est installée chez mon oncle. Pour le remercier de son hospitalité, elle se rend utile toute la journée. Mon oncle a saisi une occasion incroyable en achetant un grand terrain jouxtant sa maison. En théorie, le puits lui appartient, mais il le laisse à la disposition des villageoises. Afin de leur éviter de parcourir plusieurs kilomètres pour se fournir en eau. Sa générosité est très appréciée à Bararola.

Je me terre sur la terrasse tandis que le soleil se couche. Je me demande pendant combien de temps je pourrai repousser les propositions de mariage qui affluent. Je m'endors. Mon oncle me réveille pour me proposer de venir dans la chambre du bas. Il m'aide à descendre l'escalier sans rambarde, de peur que je ne tombe dans le vide.

Le lendemain, je file directement à l'école. Sans passer par la maison. Il est hors de question de croiser ma mère qui, j'imagine, doit être furieuse contre moi. En rentrant de classe, un jeune garçon accompagné de ses parents est à la maison. Ma mère me les présente. Je comprends ce qui se trame et lorsqu'on me demande ce que je pense du jeune homme, je ne réponds pas.

— Êtes-vous certains qu'elle est d'accord ? demande la mère du jeune garçon.

— Oui, oui ! répond ma mère. Elle est timide et réservée mais nous lui avons parlé hier. Elle sait ce qu'elle doit faire…

Je me terre dans un coin de la cour, les jambes recroquevillées contre mon ventre.

— Et quel âge a-t-elle ? interroge la mère.

— Elle va avoir dix ans ! Elle est très douée, vous savez. Nous l'avons envoyée à l'école afin qu'elle soit éduquée. C'est la première de la classe. Ses professeurs sont très fiers d'elle. Ils disent qu'elle est beaucoup plus intelligente que les autres élèves.

— Aaaah ! Très bien ! De nos jours, les enfants doivent aller à l'école, c'est très utile…

Je me demande comment cette femme peut savoir ce qui se dit ou se fait dans une école ! D'autant que je doute que son fils y ait jamais mis les pieds.

— Je ne sais pas cuisiner et je n'aime pas les enfants ! dis-je sur un ton froid et déterminé.

— Ah bon ? rétorque la mère. Mais tu vas apprendre, j'en suis sûre…

— Je ne crois pas ! Je mange très peu et ni ma sœur aînée ni ma mère ne m'ont appris.

— Elle exagère, elle manque de confiance en elle, tente de rassurer ma mère. Elle s'occupe de ses frères et sœurs depuis qu'elle est toute petite… Je sais ce qu'elle vaut, elle est très douée.

— Oui, elle a l'air douée, mais mon problème, c'est qu'elle est trop foncée… Vous voyez ? Par rapport à mon fils, qui lui est plus clair… De combien est la dot ? Je veux dire, en tenant compte de cette différence de teinte de peau ?

Je continue d'écouter cette discussion – je devrais plutôt dire « négociation » – dont je suis l'objet central. Je sens que Ma veut un engagement ferme de leur part. C'est assez ! Je ne peux plus supporter cette mascarade. Je me lève et me dirige vers le jeune homme qui doit avoir cinq ou six ans de plus que moi.

— Tu connais l'histoire du Kishalaya ?

— Non. Quelle est-elle ?

— C'est un brahmane qui libère un tigre de sa cage en lui faisant promettre de ne pas le manger en échange de sa liberté. C'est un conte traditionnel du Bengale, mais passons. Tu sais chanter en bowl ?

— Non.

— Moi, je suis toujours choisie pour interpréter l'hymne indien et les chants traditionnels du Bengale.

Sais-tu que la plupart des maladies chez les enfants sont propagées par les piqûres de moustiques ?

— Non, je ne savais pas.

— Tout cela, je l'ai appris à l'école, de même que j'ai appris l'importance de l'hygiène, de la lecture et des mathématiques, et je ne me vois pas abandonner tout cela pour t'épouser !

Là-dessus, je tourne les talons et reviens dans la pièce où les parents discutent encore de noces et de dot.

— Votre fils est un idiot ! Je ne l'épouserai pas, quoi qu'en disent mes parents !

Je sais que mes parents vont être gênés, qu'ils vont passer pour des gens peu recommandables, mais je ne vois pas d'autre solution pour me tirer de ce guêpier. La famille s'en va. Ma mère me jette un regard furieux, mon père raccompagne les villageois tout en se confondant en excuses.

Une fois le portail de l'école franchi, je ressens comme une libération. Je sais qu'ici je suis protégée par mes professeurs. Ce sont eux qui nous ont appris que malgré nos âges nous pouvions refuser de suivre les projets de nos parents. J'ai envie de demander conseil à Atul, l'instituteur, mais je me ravise en pensant que mes parents ont compris la leçon et que ce n'est pas la peine de les embarrasser encore plus en faisant remonter l'incident aux oreilles des professeurs. Arjun est passé dans la classe pour nous rappeler que tout le monde devra être présent vendredi prochain. Et que personne ne doit quitter la classe avant qu'il n'ait terminé son discours. Nous avons cherché à savoir ce qu'il voulait nous dire mais il n'a pas voulu répondre. Il a simplement précisé que c'était important et qu'il voulait tous nous voir ce jour-là.

Après la classe, je n'ai aucune envie de rentrer à la maison où de très probables remontrances m'attendent. Je file chez Afsana. Nous jouons à kho kho[1] jusqu'à ce que mon petit frère vienne me chercher.

Le téléphone de la maison sonne, Ma me le tend : c'est ma cousine Sathya qui souhaite me parler. C'est la fille de ma tante paternelle. Elle a à peu près l'âge de ma grande sœur et nous nous entendons particulièrement bien. Il m'est arrivé de passer plusieurs jours chez ma tante dans leur petit hameau qui se trouve à une heure de chez nous en bus. Toute la famille fabrique des meubles en rotin ; les hommes se chargent ensuite de les revendre au marché. Sathya m'annonce que son cousin aimerait bien venir avec ses parents pour me rencontrer. Je suis étonnée par cette demande. Si elle veut venir nous rendre visite, elle sait très bien qu'elle est la bienvenue.

— Pourquoi me parler de ton cousin ?

---

1. Jeu traditionnel où des chasseurs doivent essayer d'attraper des coureurs.

— Il voudrait t'épouser. Nous avons appris que tes parents veulent que tu te maries et il est intéressé.

Je lui réponds qu'elle a sans doute mal compris car je n'ai pas l'intention de me marier. Que ce n'est pas la peine de se déplacer, ma réponse sera identique même s'il est en face de moi. Je ne changerai pas d'avis. Je raccroche et rends le téléphone à ma mère. Je ne dis pas un mot, elle a de toute évidence tout entendu.

J'ai compris que mes parents ont la ferme intention de me marier le plus vraisemblablement avant l'hiver prochain. Ma est trop occupée à allaiter mon frère Tapan, elle ne peut plus travailler dans les rizières. Baba n'arrive plus à gagner suffisamment d'argent. Le prix de la nourriture augmente et nous devons boire l'eau de cuisson du riz. Il devient de plus en plus difficile de continuer ainsi. Mes parents ont-ils raison ? Dois-je m'éclipser de l'environnement familial et laisser place à mes jeunes frères et sœurs ? Je me sens coupable d'être née.

Le vendredi, Arjun passe dans chacune des classes. Il demande aux instituteurs s'il ne manque personne. Certains élèves sont absents ; qu'à cela ne tienne : Arjun enfourche son vélo et passe dans chacune des familles dont l'enfant n'est pas venu à l'école.

Nous répétons des mots en anglais qu'Atul a écrits au tableau. À l'aide d'une baguette, il pointe les verbes que nous devons dire tout haut. Le cours est terminé. Atul nous demande de rester sagement assis tandis qu'il va chercher le directeur.

Arjun nous remercie d'être là, nous dit que nous avançons de façon spectaculaire et que nous devons persister dans nos efforts afin que nous ayons un niveau suffisamment bon lorsque nous intégrerons les classes supérieures. Il est souriant et moins péremptoire que lorsqu'il nous fait cours.

— Est-ce que vous savez ce que vous devez faire une fois par jour ? demande Arjun à la cantonade.

— Se laver les mains ! répondons-nous tous en chœur.

— C'est bien ! Et que devez-vous faire au moins une fois par semaine ?

— Se couper les ongles !

— Très bien ! Aujourd'hui, je vais vous parler des filles enceintes. Est-ce que vous savez ce qu'être enceinte signifie ?

— Cela veut dire que la fille va avoir un bébé, répond Budhimuni, une de mes anciennes amies avec laquelle je suis fâchée ces dernières semaines.

— Très bien ! Est-ce que vous savez comment déterminer si l'on est enceinte ?

Silence, personne ne sait. Arjun reprend la question :

— Est-ce que vous savez quels sont les symptômes d'une fille enceinte ?

— On a de la fièvre et des vomissements.

— Très bien, Rekha ! D'autres symptômes ?

— Les seins grossissent car il y a du lait dedans et le ventre grossit à mesure que le bébé grandit.

— C'est exact !

— L'accouchement est très douloureux et il arrive que le bébé naisse mort. Ou alors il ne vit que quelques semaines car il est très faible. Ça ne marche pas à tous les coups, de faire un enfant. C'est pour ça que les couples recommencent. Parfois la mère peut mourir en donnant la vie.

— C'est encore exact, Rekha, dit Arjun, visiblement surpris que j'en sache autant sur la question. Mais si les grossesses se passent mal, c'est aussi parce que les mères sont trop jeunes pour donner naissance à un enfant. C'est l'objet de cette discussion. Sachez qu'une femme peut faire autant d'enfants qu'elle le veut à condition que son corps soit prêt. Si elle est trop jeune, elle peut mourir.

D'autres élèves interviennent, posent des questions. Je connais la plupart des réponses, ayant vu les grossesses malheureuses de ma sœur aînée. À la fin de la classe, Arjun nous remercie d'avoir assisté à cette discussion pédagogique. Nous rangeons nos affaires et nous disons au revoir à nos professeurs. Je me dirige vers la sortie quand Arjun me demande de rester quelques minutes.

6

Discours

Aucun élève n'est jamais entré dans cette pièce. La double porte est fermée par deux gros cadenas et un loquet. Arjun cherche les clés parmi son épais trousseau. Il retire ses sandales d'un geste machinal. Je fais de même. Quelques rayons de lumière pénètrent par une petite fenêtre détourée d'une fine grille à la peinture écaillée. Une ampoule est suspendue au plafond par un long fil qui descend quasiment au niveau d'une petite table en bois. Un ventilateur est orienté dans sa direction. Le sol en ciment est frais.

Le directeur, l'air grave, pousse les quelques feuilles sur le côté du bureau, s'assied sur la chaise en plastique. Je reste debout, les yeux baissés, en attendant qu'Arjun m'adresse la parole. Il est très sévère et tous les élèves le craignent. Moi la première. Il sort son téléphone portable de sa poche, l'éteint. Je m'attends à une punition ou à un sérieux réquisitoire sur mon comportement envers Saraswati, avec laquelle je me suis bagarrée il y a quelques jours. Je sais par avance qu'il sera insensible à mes arguments et qu'il ne comprendra jamais qu'elle dresse mes amies contre moi.

— Où as-tu appris tout cela ?

— …

— Ces symptômes sur la grossesse, les effets que cela provoque ? me demande-t-il sur un ton inhabituel, doux, chaleureux.

— Je l'ai constaté par moi-même.

— As-tu déjà été enceinte ?

— Non, monsieur, ce n'est pas de moi que je parlais, mais de ma grande sœur.

— Que lui est-il arrivé ?

— Elle vomissait souvent. Je pensais qu'elle était malade et quand j'ai demandé à mes parents de l'emmener chez le médecin, ils m'ont dit que c'était normal…

— Elle était enceinte ?

— Oui, mais à ce moment-là, je ne le savais pas. Son ventre n'était pas rond, il était comme d'habitude.

— Et ensuite ?

— Ses douleurs devenaient de plus en plus fréquentes. Elle mangeait de façon irrégulière, était de mauvaise humeur, se plaignait très souvent, y compris à mon sujet alors que nous nous entendons très bien depuis l'enfance. La nuit, elle dormait très peu, je la voyais tourner en rond dans la cour ou dans la chambre. Le propriétaire de l'usine de briques l'a rappelée car il y avait beaucoup d'activité. Mais elle ne voulait pas y aller car les conditions de travail et de vie sont très difficiles : les ouvriers dorment dans des cabanes en tôle, sans eau et sans électricité. Ma mère l'a poussée à accepter car la paie est significative et pouvait se révéler cruciale dans les mois à venir. Je n'ai pas compris à l'époque ce qu'elle voulait dire, maintenant je sais qu'elle parlait de la future naissance…

— Assieds-toi, Rekha, glisse Arjun en plaçant une chaise en bois en face de son bureau.

Je m'installe tout en conservant mon cartable serré contre ma poitrine. Je n'aurais jamais pensé que le directeur de mon école, sous ses traits autoritaires et cassants, était capable d'écoute et de bienveillance avec ses élèves.

— Elle y est allée, elle a pris le bus qui passe le long de la route nationale. Ma mère lui a préparé deux œufs durs et un peu de riz dans un sachet en plastique. Durant plusieurs semaines, nous n'avons plus reçu de nouvelles d'elle, comme chaque fois qu'elle partait à l'usine. En milieu de journée, le propriétaire a téléphoné et a demandé à parler à mes parents. Ma mère pleurait tandis que Baba avait le visage de plus en plus fermé. Il a posé ses cigarettes et son panier à tabac, pris le téléphone des mains de ma mère et je l'ai entendu dire qu'il venait chercher sa fille sur-le-champ. Tard dans la soirée, lorsqu'ils sont revenus, ma sœur était pâle, fiévreuse et son ventre avait gonflé. Elle ne parlait pas. Ma mère l'a prise dans ses bras avant de l'allonger précautionneusement à l'intérieur de la maison. Elle m'a rassurée en me disant que ma sœur était enceinte et que son état était normal. Qu'il ne fallait pas s'inquiéter.

— Que lui était-il arrivé ? demande le directeur, suspendu à mes lèvres.

— Elle s'était évanouie. Les ouvriers l'ont ranimée en lui jetant des seaux d'eau à la figure. Le patron a paniqué, il la croyait morte et se voyait déjà accusé de son décès. Il lui a remis l'équivalent d'un mois de salaire en liquide à condition qu'elle déguerpisse.

— Avez-vous vu un médecin ?

— J'ai demandé à mes parents de l'emmener chez un docteur. J'étais persuadée que ma sœur était mourante, qu'elle allait y passer dans la seconde. Ses yeux étaient vitreux, elle tremblait, semblait éteinte comme une mèche de bougie sur laquelle on aurait soufflé. Je ne l'avais jamais vue comme ça… Elle est toujours souriante, de bonne humeur, nous nous sommes toujours très bien entendu. Cette fois-ci, j'avais l'impression qu'elle ne me reconnaissait même pas. Que j'étais une étrangère parmi d'autres inconnus. Le médecin du village est passé la voir en fin d'après-midi. Il lui a juste recommandé du repos : ne rien faire, rester au lit toute la journée. Son ventre s'est arrondi au fur et à mesure que le temps passait. Malgré ses douleurs, elle a accouché d'un petit garçon, dis-je en omettant volontairement de mentionner les fausses couches et le décè des précédents enfants.

— Cet accouchement s'est bien passé ?

— Oui, monsieur. Il a duré très longtemps. C'était durant l'hiver, il faisait froid et il y avait plusieurs personnes avec ma sœur qui tentaient de la calmer durant les douleurs mais elle a donné naissance à un joli petit garçon. Elle va très bien maintenant.

— Et le bébé va bien, lui aussi ?

— Oui, monsieur. Nous avons eu très peur qu'il ne survive pas mais ça n'a pas été le cas : il est en pleine forme et mange des aliments solides depuis peu…

— Et toi ? Tes parents prennent-ils bien soin de toi ? Ont-ils essayé de te marier, par exemple ?

— Non, personne ne m'a jamais forcée à faire quoi que ce soit. Tout va bien, j'aide ma mère à tenir la maison et, quand je peux, je donne un coup de main à mon père pour qu'il puisse produire plus de cigarettes. Il est payé au volume, vous savez.

Je ne tiens pas à lui raconter les différentes propositions de mariage.

— Très bien ! Merci, Rekha. Tu peux partir maintenant, lâche Arjun en se plongeant dans ses documents.

Je n'ose pas croire qu'il n'ait pas abordé l'altercation avec Saraswati ! Elle qui m'a vraiment déçue et énervée en racontant à tous mes amis que si je ne voulais pas me marier, c'est parce que j'avais un petit ami que je voyais en cachette. C'est évidemment faux, mais tous les enfants du village ont mordu à l'hameçon. Malgré mes protestations, je suis vue par certains comme une fille qui n'a pas de vertu.

Budhimuni, ma voisine et amie d'enfance, qui a compris la raison de mon refus, m'a conseillé de ne pas céder aux propositions de mes parents. Principalement parce que si j'avais accepté, et par conséquent dû renoncer à l'école, elle aurait été obligée d'abandonner la classe également.

Peu importent ses motivations, Budhimuni se range à mes côtés tandis que l'autre peste de Saraswati propage des rumeurs infondées. Je n'avais pas d'autre choix que de la gifler devant tout le monde pour montrer que je désapprouve ce genre de propos qui ternissent non seulement ma réputation mais aussi celle de mes parents. Si je n'avais rien fait, j'aurais immédiatement été mise au ban et ma famille aurait pu croire à ses mensonges. Atul nous a séparées, mais si Arjun n'y a pas fait référence, c'est naturellement parce que mon instituteur ne le lui a pas répété. Son soutien m'encourage à travailler encore plus, à être la meilleure en classe. Je me dois d'intégrer le cursus normal dès que possible.

Baba a des crampes aux mains. Il ne peut plus bouger les doigts. Je range mes cahiers et je m'empare du panier à tabac. Je roule quelques centaines de cigarettes. Cela n'est pas assez, nous sommes loin des mille bidis par jour qu'il nous faut. Ma mère prépare un peu de riz avec de la poudre de curry pour le dîner. Le seul véritable repas de la journée. Le lendemain matin, nous buvons l'eau de cuisson au petit déjeuner. Elle est amère. Ma l'a laissée trop longtemps sur le feu la veille. Je pars pour l'école, le ventre gargouillant sous l'effet de ce liquide infect.

En fin de matinée, nous recevons la visite de l'adjoint du ministre du Travail du Bengale. Atul nous a prévenus quelques minutes avant. C'est un personnage important et nous devons lui donner la meilleure image possible de nous-mêmes et de l'école. Ces gens-là nous aident tous les jours en défendant nos droits auprès des institutions publiques. Je me sens un peu faible et j'ai la tête qui tourne : je n'ai rien mangé de solide à part les quelques boulettes de riz hier soir.

M. Kundu ressemble à un politicien. Il n'a presque plus de cheveux sur le dessus du crâne ; seule une longue mèche entretenue, qu'il rabat avec soin dès qu'elle lui tombe sur le visage, subsiste. Il est très familier et en quelques minutes il a brisé la glace avec des histoires très intéressantes, où l'on a appris notamment qu'il avait commencé l'école tard lui aussi. Preuve que l'on peut réussir malgré une éducation en dehors des sentiers battus.

— Je viens d'une région éloignée mais où les pratiques sont similaires à ce que l'on peut voir ici. J'ai dû interrompre ma scolarité pour travailler. Heureusement, comme je suis un garçon, mes parents m'ont laissé prendre des décisions. Durant des années, j'ai cumulé école et travail. Et je tiens à vous dire que vous non plus, vous ne devez jamais sacrifier votre éducation à un travail rémunéré.

— Et que faire quand nos parents ne gagnent pas assez ?

J'ai lancé ma question de façon maladroite, trop directe et pas assez respectueuse. Les élèves se tournent vers moi. Le directeur, un peu gêné, tente de rattraper le coup.

— Rekha, lève-toi et pose la question que tu souhaites à M. Kundu. Je suis sûr qu'il a une réponse à t'apporter, n'est-ce pas, monsieur ?

— Elle a raison ! Le problème, c'est que les parents ne gagnent pas assez et cela a des conséquences sur vos vies. Il faut qu'ils sachent ce qu'ils veulent : vous faire gagner quelques roupies pour que la famille aille mieux ou investir dans votre avenir pour que vos enfants n'aient pas à faire ce type de choix ? Je suis heureux que tu aies soulevé ce point ; comment t'appelles-tu, déjà ?

— Rekha, Rekha Kalindi, monsieur. Je suis la fille de Karno Kalindi, qui roule des cigarettes à longueur de journée. Mais ce n'est pas assez pour nous nourrir tous.

— Rekha, dans notre programme, nous ciblons essentiellement les familles pauvres. Parce qu'elles sont dans une détresse économique qui les force à faire travailler leurs enfants. Mais ce n'est pas la bonne solution ; c'est une vision à court terme et l'équipe pédagogique de M. Arjun est là pour vous aider.

— Que faut-il leur dire quand ils nous demandent d'arrêter d'aller à l'école ?

— Il faut dans un premier temps dire que vous n'êtes pas d'accord. Vos professeurs vous ont-ils appris que vous aviez des droits, dont celui de dire non à vos parents quand ils vous suggèrent d'abandonner la scolarité ?

— Ouiiiii ! répond la salle en chœur.

— Très bien ! Il faut aussi leur rappeler que l'école est obligatoire et qu'y renoncer n'est pas une option. Si vos parents insistent, vous devez impérativement en parler à MM. Atul et Arjun. Ils peuvent vous aider et c'est à eux d'intervenir quand une telle situation se présente.

Je demande :

— Mais n'est-ce pas égoïste de privilégier notre avenir ? Nous devons aider nos parents, non ?

— Ce n'est pas faux, mais ce n'est pas exact non plus ! Le gouvernement indien est derrière vous. La Présidente, la présidente du Congrès et le Premier ministre travaillent afin que vous ne soyez plus confrontés à ce genre de dilemme. Vous devez respect et obéissance à vos parents, mais uniquement lorsqu'il s'agit de votre éducation personnelle dans le cadre de la famille. Je vous le répète : l'école est obligatoire pour tous les enfants. C'est une volonté de notre gouvernement. Le Premier ministre l'a encore rappelé. Je sais bien que ces choses-là vous paraissent abstraites, mais elles sont bien réelles. Et vos professeurs sont là pour vous aider dans ces moments. Je suis aussi venu vous annoncer que nous allons organiser un grand spectacle au musée des Sciences naturelles de Purulia. J'ai besoin que deux élèves prennent la parole pour parler de l'école : ce que cela vous apporte et si vous pensez que votre vie est meilleure depuis que vous y êtes inscrits. Qui est volontaire ?

Personne ne se manifeste. Les regards se tournent vers Arjun et Atul, comme si c'était à eux de trancher.

— Je veux bien parler si je ne dois pas chanter... dis-je.

— Tout le monde doit chanter une chanson ainsi que l'hymne du pays. Il n'y a rien de pénible à cela, si ?

— Si tout le monde chante, alors je veux bien chanter, mais je ne veux pas être la seule.

— C'est d'accord ! Un autre volontaire, un garçon pour équilibrer ? lance M. Kundu en rabattant sa mèche sur son crâne.

Une nouvelle fois, personne ne se manifeste. Arjun suggère Rajat, l'autre bon élève de la classe. J'aurais aimé que Pinky se porte volontaire. Elle qui est sans doute la plus pauvre d'entre nous, avec un père absent, serait bien placée pour expliquer pourquoi elle continue à aller à l'école alors que sa famille survit uniquement grâce à l'aide de son oncle.

À la maison, ma mère est toujours furieuse contre moi. Je file directement auprès de mon père et lui propose de l'aider. Il est pressé ces derniers jours car il n'a pas roulé suffisamment de cigarettes. Le négociant s'impatiente, il n'arrive pas à honorer ses commandes. Il menace de réduire le quota de Baba. À deux, nous allons plus vite. La manipulation est devenue tellement simple que j'ai même le temps de lui raconter la visite de l'adjoint au ministre du Travail et que je vais faire un discours devant d'autres enfants de la région au musée des Sciences naturelles. Il est fier de moi et dit ne pas s'inquiéter quant à mon avenir. Je sais que cela veut dire dans son esprit que ma dot sera moins importante à mesure que je serai éduquée, mais ses paroles me soulagent. Je double ma vitesse et, quelques heures plus tard, Baba dépose les bidis chez le grossiste.

Il revient avec une nouvelle cargaison de tabac, de feuilles et de ficelles et quelques billets en poche. Sur le retour, il s'arrête au petit marché local où il achète du riz, de la farine, un sachet d'huile et quelques légumes. Il était temps, ces derniers jours il ne nous restait plus que du bouillon de riz à nous mettre sous la dent. Ma plonge le riz dans une marmite avant de la remplir d'eau. Le *panta bhat*[1] se conserve longtemps, résiste à la chaleur et on dit qu'il a des vertus pour supporter les hautes températures. L'eau de la cuisson étant toujours soigneusement récupérée.

Ma mère tisse des paniers en bambou – comme le faisaient les premiers habitants de Bararola. Ce n'est pas très rentable mais cela nous fait une rentrée d'argent supplémentaire et de quoi acheter des œufs, surtout pour les plus jeunes enfants. Mon grand frère Dipak fait des aller-retour en ville afin de trouver un travail plus rémunérateur que les rizières.

Nous grimpons dans le bus pour Purulia. Les professeurs nous avertissent que personne ne doit descendre avant le terminus. Ils remettent les coupons de voyage subventionnés par l'État du Bengale au

1. Un plat de restes de riz trempés dans l'eau pour éviter leur pourrissement.

chauffeur qui grommelle contre cette armée de bambins qui ne lui rapporte pas beaucoup alors qu'elle remplit tout l'autocar. Nous marchons ensuite sur quelques centaines de mètres durant lesquels j'aperçois des dizaines d'étals où des plats appétissants sont disposés en forme géométrique.

À l'intérieur du musée, nous sommes plusieurs centaines. La plupart sont des élèves de la région et tous participent au programme culturel. Au total, quatre-vingt-dix établissements sont réunis. Certains ont préparé des spectacles de danse traditionnelle, d'autres organisent des ateliers de lecture ou de théâtre. L'un des groupes est venu accompagné d'un… python ! Il faut le mesurer à l'aide d'un ruban gradué. Je reste en retrait devant cette bête qui m'effraie autant qu'elle m'attire. Ashok est surexcité : il se jette sur le reptile et le caresse comme s'il s'agissait d'un chaton affectueux. Il mesure un mètre quatre-vingt-quinze ; les enseignants nous demandent de convertir en yards. Plus loin, il faut humer des épices et des aliments dans des pots identiques et sans inscription. Je suis plus à l'aise avec les conversions d'unités qu'avec les senteurs. M. Kundu est présent ; il passe d'atelier en atelier, plaisante avec les élèves, encourage ceux qui peinent à lire les inscriptions en anglais, présente les écoliers les uns aux autres.

En fin de matinée, nous sommes tous appelés dans la grande salle de conférence. L'adjoint du ministre du Travail annonce le programme : des chants, des danses et des discours. Je suis morte de peur à l'idée de monter sur l'estrade et de parler devant autant de personnes. Un premier élève grimpe, se présente puis entame un poème en bengali. Les applaudissements sont largement mérités. Puis vient mon tour ; j'ai la gorge nouée par le trac. M. Kundu me lance des encouragements, j'entame le couplet sans fausse note. Ma voix est claire, les élèves applaudissent, je cours me rasseoir à ma place. Mon instituteur me félicite discrètement.

Quelques minutes plus tard, M. Kundu me demande de venir parler à la tribune. Devant le micro, la peur se dissipe. Je me présente, dis ce que je faisais avant d'intégrer l'école. Je raconte tout en détail, le travail dans les rizières, comment j'ai appris à rouler des bidis afin d'aider mon père, qu'il était prévu que j'aille à l'usine de briques comme ma sœur et ma belle-famille. Je raconte également que je suis heureuse à l'école, que la tâche y est non seulement moins pénible mais aussi plus fructueuse car j'ai l'impression qu'avec ces savoirs acquis je pourrai gagner plus d'argent que ma famille et leur offrir une vie meilleure dans le futur.

Prise dans l'engouement, je me mets à évoquer les propositions de mariage que mes parents m'ont faites ainsi que mon refus d'obtempérer. Je pose la question aux élèves : Ai-je raison de ne pas écouter mes parents ? J'y réponds avant qu'aucun d'entre eux ne m'interrompe : oui ! Car ils ne se rendent pas compte qu'ils handicapent mon avenir ! Suis-je contre le mariage ? Non ! Mais il est trop tôt pour que j'épouse qui que ce soit ! J'ai assisté aux douleurs de ma sœur qui ne savait même pas qu'elle était enceinte quelques mois à peine après le mariage arrangé. Je l'ai vue donner naissance à quatre enfants. Tous dans la douleur, aucun d'entre eux n'a survécu. Je n'ai pas envie de vivre tout cela ! Je dis ce que j'ai ressenti tout au long de ces dernières années, animée par le sentiment que je suis dans le vrai en refusant les propositions de mes parents. Je n'ai aucune idée du temps qui s'est écoulé depuis le début de mon intervention. Une demi-heure, une heure peut-être ? Chaque fois que j'aborde un point, une nouvelle idée me vient à l'esprit.

À la fin de mon intervention, les écoliers applaudissent chaleureusement durant de longues minutes ; je rougis et je suis sidérée par leurs réactions. Je regagne ma place, mais les enfants se lèvent et viennent me serrer la main, les filles m'embrassent. Je n'aurais jamais pensé qu'ils seraient d'accord avec mes propos. Je m'attendais à être conspuée, traitée de mauvaise fille. M. Kundu tente de faire de l'espace autour de moi. Il invite les enfants à se rasseoir, remonte sur l'estrade, remet sa mèche et me félicite longuement pour cette intervention.

— Ce que vit Rekha Kalindi, beaucoup d'entre vous le vivent aussi. Lorsqu'une situation comme celle-ci se produit, il ne faut pas hésiter à en parler avec vos professeurs. Ils ont des réponses et peuvent vous aider.

Dès la fin du discours, une dizaine de journalistes viennent me voir, me demandent des précisions sur mon récit, si ce que j'ai dit s'est vraiment passé comme je l'ai raconté. Plusieurs caméras se mettent en arc de cercle autour de moi, les micros se tendent dans ma direction et je répète ce que j'ai dit sur scène. Arjun, Atul et M. Kundu viennent me féliciter un par un. L'adjoint du ministre du Travail me dit que nous allons nous revoir très prochainement. Je pense à la réaction de mes parents lorsqu'ils vont apprendre que j'ai étalé notre vie devant tous ces gens…

Je me fais discrète en rentrant à la maison et pars m'isoler dans la cour, seule avec mes cahiers. Ma m'arrache l'ardoise des mains et m'ordonne d'aller chercher du bois afin que l'on prépare le repas. Je m'exécute sans lui tenir tête. Cela ne sert à rien quand elle est dans cet état.

— J'ai compris ton manège, petite peste !

— Quel manège ? De quoi parles-tu, encore ?

— J'ai entendu ce que disent les enfants du village à ton sujet ! Devant nous, tu refuses les propositions mais par-derrière tu fréquentes les garçons !

— Je ne fréquente personne ! Qui t'a dit ça, encore ? Il ne faut pas croire les gamins !

— Ah bon ? Et pourquoi devrais-je te croire, toi ? Parce que tu es sincère et irréprochable, peut-être ? Je vais en parler avec ton père et tu épouseras le garçon que l'on choisira pour toi, que tu le veuilles ou non !

— Je ne me marierai avec personne ! Laisse-moi tranquille, vieille folle !

J'ai à peine fini ma phrase que ma joue est rouge sous le coup de la gifle. Ma mère me prend par les cheveux et continue à me frapper. Je tente de m'échapper mais elle me tient fermement d'une main tandis que l'autre attrape un bâton. Je pleure et je crie, personne ne s'interpose. Au bout de quelques minutes, elle s'arrête. Je reste allongée sur le sol, tremblante à l'idée qu'elle recommence à me frapper.

7

Pression

Le vent est sec et chaud. J'entends au loin les enfants du village jouer au ballon ou essayer de faire du vélo. Leur insouciance contraste avec mon état d'esprit. Je passe un peu d'eau sur mes bleus mais cela ne change rien à la douleur. En fouillant dans les affaires de Baba, je tombe sur un petit pot de crème au camphre. Je ramasse mes cahiers éparpillés et je me blottis dans un coin de la pièce. Mon doigt suit les lettres, je lis en silence, de peur que l'on me surprenne. Mon grand frère Dipak rentre plus tôt que prévu. Depuis qu'il a arrêté l'école, il tient une petite échoppe de thé à la cardamome non loin de la statue d'Hanuman, au bord de la route nationale. Il comprend immédiatement que j'ai été frappée.

— Ma ?

J'incline la tête sans dire un mot. Il dépose ses deux grosses bouilloires et le reste de ses accessoires avant de quitter la pièce, dépité de ne pas être en mesure de raisonner les parents au sujet de mon supposé mariage.

Au marché, Baba est interpellé par l'un de ses amis qui lui tend un quotidien.

— C'est ta fille, non ?

— Oui, c'est Rekha. Que fait-elle dans le journal ?

— Comment veux-tu que je le sache ? Mais regarde, elle est aussi dans ce canard et aussi dans celui-ci.

— De quoi ça parle ? demande Baba.

— Je n'en ai pas la moindre idée, ce n'est pas parce que je vends les journaux que je les lis ! lance le marchand avec un sourire complice à son voisin installé entre un monticule d'ails et un autre de piments rouges.

— Mais tu sais lire, non ? Peux-tu me dire ce qu'il y a écrit dans cet article sous la photo ?

— Donne-moi 5 roupies avant ! Si tous les clients étaient comme toi, je passerais mon temps à réciter les informations que l'on trouve dans ces journaux sans jamais rentrer le soir à la maison avec un seul sou en poche.

Il répond avec le même ton farceur mais en se tournant cette fois-ci vers son voisin de gauche qui feint un sourire amical.

— Tiens, lui dit mon père en lui tendant l'argent. Dis-moi ce qu'il y a dans ce papier, maintenant !

Le marchand sort une paire de lunettes demi-lune de sa poche de chemise juste après avoir jeté les pièces dans une boîte posée au sol près des magazines étalés sur une bâche en plastique. Il murmure quelques secondes. Baba piétine d'impatience.

— Ils disent que cette fille a déclenché un tonnerre d'applaudissements au musée de Purulia en prononçant un discours incroyable pour son âge…

— Qu'a-t-elle dit ?

— Attends, je lis la suite, lâche le commerçant en continuant à murmurer. Elle dit que sa sœur a fait plusieurs fausses couches car elle était trop jeune pour avoir un enfant lorsqu'elle est tombée enceinte… Ils disent aussi que ses parents veulent la marier sans son consentement avant l'hiver prochain. Elle a beau refuser, ses parents insistent pour que les noces aient lieu, principalement parce qu'ils ne peuvent plus la nourrir… Elle se prend pour qui, cette gamine, à tenir ce genre de propos en public ? Si j'étais son père, il y a longtemps que je l'aurais corrigée, non mais c'est vrai, vous n'êtes pas d'accord ?

Baba lui arrache le journal des mains et file à la maison. Sur le trajet du retour, plusieurs personnes l'arrêtent en lui demandant si c'est vraiment sa fille qu'ils ont vue à la télé hier. Baba n'en croit pas ses yeux ni ses oreilles. Rekha est allée raconter tout ce qui se passe dans le cercle familial dans les journaux et aux chaînes de télévision ! Ils ne vont pas tarder à être la risée de tout le village, de toute la région et peut-être même de tout le Bengale ! Ma va être furieuse !

Les ustensiles de cuisine volent dans ma direction. Les insultes pleuvent. Je reçois une louche, des cuillères et même la marmite. Je tente de me protéger en me mettant en boule mais ma mère m'attrape par les cheveux et me traîne sur le sol. Je hurle, je pleure, je la supplie d'arrêter de me frapper. Baba la retient, mon frère Dipak me relève. Il m'ordonne d'aller me réfugier chez mon oncle et de ne pas en bouger avant qu'il ne vienne me chercher. Dans la cour, je distingue un journal avec ma photo en grand format. Je réalise que mes propos au musée de Purulia ont déclenché la colère de ma mère. Je l'entends hurler contre mon père :

— Tu vois de quoi est capable ta fille ? Elle nous humilie devant tout le village, cette peste !

Baba essaie de la calmer en lui disant que le mal est fait, qu'il faut maintenant réfléchir à ce qu'il faut faire et dire pour leur défense. Surtout que les autorités, l'école et le panchayat risquent de s'en mêler. C'est le début des problèmes assuré.

Il devient trop dangereux d'écouter le reste de la conversation à la porte. Ma mère est capable de me tordre le coup sous l'emprise de la fureur. Je rassure mes frères et sœurs, inquiets par la violence de la scène et le comportement de notre mère qui semble possédée par des démons. Je me réfugie, comme me l'a suggéré mon frère, chez la famille paternelle. Sur la terrasse, je déchiffre l'article de presse. Tout y est relaté : les fausses couches, les propositions de mariage, les conditions de vie à la maison, etc. Je comprends que Ma sorte de ses gongs. Les journalistes n'ont épargné aucun détail. Mon frère aîné confirme mes craintes.

— Pourquoi tu as fait ça, Rekha ? C'est insensé ! Ma est folle de rage contre toi !

— J'ai dit la vérité, rien de plus.

— Dans les journaux ! À la télé ! À la radio ! Tu sais que tout le monde va être au courant ? Qu'est-ce que les gens vont penser de nous ?

— Ça m'est égal !

— Tu ne peux pas dire ça ! La famille entière va être et commence déjà à être la risée de tout le monde ! La situation peut très vite devenir incontrôlable. Sans compter les ennuis que cela peut nous attirer.

— J'ai dit et répété plusieurs fois aux parents que je ne voulais pas me marier mais ils n'ont même pas essayé de m'écouter ! Ils passent leur temps à me présenter des prétendants. J'ai beau les refuser, ils n'arrêtent pas de revenir à la charge… Cela fait des semaines qu'ils me menacent ! Tu vois comment ils sont ! Ils ne veulent pas comprendre ! Toi aussi, tu y as eu droit, tu sais bien comment ça se passe, non ?

Quand Dipak avait une dizaine d'années et que Josna était déjà mariée, mes parents ont essayé de lui trouver une femme. Il les a toutes systématiquement refusées. Trouvant toujours quelque chose à leur reprocher : l'une avait la peau trop foncée, l'autre n'était pas assez belle, une autre était analphabète, une autre encore plus grande que lui, et ainsi de suite. Les parents ont fini par jeter l'éponge, et tant pis si la dot serait moins importante que prévue. Pourquoi n'en font-ils pas autant avec moi ? Est-ce parce que je suis une fille et que potentiellement je risquerais de salir l'honneur de la famille ? Et quand bien même ils veulent s'affranchir de leurs responsabilités, pourquoi ne pas attendre que j'aie terminé l'école ?

Mon frère Dipak est très compréhensif. Il m'a toujours soutenue quand l'occasion d'aller en classe s'est présentée. Lorsque je n'étudie pas assez ou que mes notes sont un peu moins bonnes, il m'ordonne de travailler plus, de faire mes devoirs plus sérieusement. Il me conseille de lire et de jeter un œil sur les leçons au programme avant que ces notions ne soient abordées par mes professeurs. Lui-même regrette de ne pas avoir continué l'école plus longtemps. Il a abandonné vers l'âge de douze ans pour, comme nous tous, commencer à gagner de l'argent. Cependant, je vois bien qu'il est malheureux avec son job, car il n'est pas taillé pour un travail physique – par contre il est doté d'un esprit très vif. Quelques années plus tard, les remords sont là, l'étal de thé rapporte un peu pour aider la famille, mais pas assez pour en fonder une. C'est grâce à lui que nous avons pu installer l'électricité dans la maison. Il paie les factures afin que mes parents puissent consacrer leurs revenus à l'achat de la nourriture.

Ce soir-là, il me conseille de rester chez notre oncle. Il est inutile de raviver le conflit en rentrant à la maison. D'autant que ma mère doit toujours être furieuse. Je suis d'accord avec lui. Il me promet de m'apporter mes affaires scolaires tôt le lendemain matin.

Il est plus de 8 heures et je suis debout depuis près de deux heures. Dipak tarde à venir et je vais être en retard. Je me dirige vers la maison en espérant que Ma soit absente. Je la vois dans la cour en train de tisser des paniers en bambou. Elle m'aperçoit, me fusille du regard. Ses yeux noirs perçants sont féroces, ses lèvres serrées. Dipak m'attrape par la main et me dit que ma mère ne veut plus que j'aille à l'école. Sa décision est irrévocable, ni lui ni Baba n'ont réussi à la faire changer d'avis. Elle ne me le dira pas directement car elle s'est promis de ne plus me parler. Soit ! Je rentre dans la pièce, m'empare du panier à tabac et vais me coller à l'autre bout de la cour, près de la maison de Budhimuni. En une matinée, je fais plus de cinq cents cigarettes. J'ai tellement d'expérience que je peux travailler les yeux fermés. Si je continue sur ce rythme, je dépasserai très vite la production quotidienne de mille bidis délivrée par mon père. Il y a aussi de grandes chances que mon dos soit réduit en miettes, mes doigts, recroquevillés sur eux-mêmes avant que je ne me marie. Et il n'est pas impossible que d'ici là ma mère et moi ne nous soyons toujours pas adressé la parole.

J'entends les enfants bavarder dans la rue, je reconnais la voix de Budhimuni, Ashok, Pinky et les autres. Atul leur a demandé de se renseigner sur les raisons de mon absence. Je réponds brièvement que j'ai dû donner un coup de main en urgence à mes parents. La conversation dérive très vite sur les articles parus dans les journaux dont tous les parents du village parlent. J'ai vraiment sous-estimé la portée de mes propos. Je ne me fais aucune illusion maintenant sur le fait que le pays tout entier soit au courant de mon intervention. Budhimuni est la seule à comprendre l'étendue des dégâts. Elle me conseille d'en parler avec les professeurs de l'école. Je refuse d'aggraver la situation pour l'instant, même si elle a sans doute raison sur le fond, n'ayant aucune idée de comment me dépêtrer de cette situation que j'ai provoquée. Je lui demande de mentir à Atul et Arjun en leur disant que j'ai dû me rendre chez ma sœur à Sampur. Je ne veux pas les mêler à cette histoire. J'ai déjà causé suffisamment de tort à ma famille en leur faisant autant de mauvaise publicité.

Baba chasse les enfants agglutinés autour de moi. Il est en colère. Il confirme ce que Dipak m'a dit auparavant au sujet de l'école : désormais, mon activité principale consistera à soit fabriquer des bidis, soit aller à l'usine de briques où travaille ma sœur. Je réponds calmement que je préfère suivre sa voie car je n'ai pas envie d'apprendre un nouveau métier.

— Demain, nous irons chez le négociant pour acquérir le double de volume de tabac et de feuilles d'eucalyptus, conclut-il.

Plusieurs jours se sont écoulés, mais ma mère ne se remet pas de l'onde de choc que j'ai provoquée dans la presse. Elle passe souvent du temps accroupie dans la cour à ruminer la honte que j'ai apportée sur notre famille. Elle n'ouvre la bouche que pour m'insulter. Elle m'annonce que, désormais, elle ne me nourrira plus. Qu'elle va me rendre la vie tellement difficile et insupportable que je vais bientôt regretter l'époque maintenant révolue où elle me chérissait de tout son cœur. Afin d'être certaine de ne pas me croiser, elle tisse ses paniers dans la cour voisine avec les autres femmes.

Je profite du fait qu'elle ne me surveille pas pour aller me dégourdir les jambes dans la rue principale. Je ne peux pas faire un pas dans le village sans être l'objet de réflexions ou de questions sur mes paroles. Je balaie ces remarques en prétendant qu'il ne s'agit pas de moi, qu'il y a erreur. La plupart des gens n'ont qu'une idée très vague de ce qui s'est dit. Personne n'a vraiment lu les journaux. Je trouve étrange que mes voisins s'intéressent plus à mon mariage que moi-même.

À la maison, je tente de me racheter en apportant une source de revenus supplémentaires à mon père. Je travaille toute la journée en continu. Le soir, à l'heure du repas, ma mère m'interdit d'entrer dans la maison. Je m'allonge sous la petite fenêtre où je tremble de froid. Dipak m'apporte discrètement une petite portion de riz, je la dévore en quelques secondes. J'attends que tout le monde soit endormi pour me glisser à l'intérieur sans faire de bruit.

Je suis réveillée par les coups de pied, les coups de bâton et les insultes de ma mère.

— Sors d'ici, petite garce ! Qui t'a autorisée à dormir à l'intérieur ? Dégage ! Fille indigne ! Tu déshonores toute ta famille et tu veux encore profiter de sa générosité et de son hospitalité ! Qui t'a nourrie de son propre sein quand tu n'étais qu'un nourrisson ? Tu veux prendre tes décisions seules ? Dans ce cas, tu ne dormiras plus jamais près de nous !

Je sors de la maison en courant tout en me protégeant la tête d'un éventuel coup de bambou. Je m'arrête une fois arrivée au puits, essoufflée. Je me passe de l'eau sur la tête, abondamment. Je suis blessée à la main, le moindre mouvement de mon poignet fait terriblement mal.

Ce traitement dure plusieurs semaines, et si je réussis à surmonter cette violence domestique, c'est surtout parce que l'attitude de mon père s'est adoucie. Il me fait régulièrement passer des petites portions de nourriture quand ma mère n'est pas dans les parages. Dipak m'a apporté une paillasse et une petite couverture afin que je ne meure pas de froid quand je passe la nuit dehors. Parfois je pense qu'il vaudrait mieux que j'aille habiter un temps chez ma sœur afin d'échapper à l'enfer que me fait vivre ma mère, mais je dois y renoncer car il est fort possible que la belle-famille me chasse avant même que je n'arrive au perron de sa porte.

Je reconnais la voix de mon instituteur Atul. Il demande pourquoi je ne viens plus à l'école depuis des semaines. Ma mère lui répond sur un ton amical que je suis chez ma sœur aînée et que pour des raisons économiques j'ai dû prendre un travail dans les alentours. Atul insiste sur le fait que je dois revenir en classe le plus tôt possible. Beaucoup de notions ont été abordées au cours de ces dernières semaines que je dois impérativement rattraper avant qu'il ne soit trop tard. Ma mère répond, toujours sur un ton chaleureux, qu'elle me transmettra le message dès que nous nous parlerons au téléphone ou dès qu'elle se rendra à Sampur, ajoutant que je n'ai plus vraiment envie de continuer ma scolarité. Elle ment impunément ! Je ne sais pas combien de temps je pourrai encore subir cette pression et cette situation. Je sais qu'il me suffirait d'accepter la proposition de mariage pour que tout revienne à la normale.

De retour dans la cour, j'aperçois ma mère avec un bâton. Je pousse le panier à tabac et je tente de m'échapper, mais il est trop tard. Elle me gifle, les cigarettes volent en éclat. Je ramasse les feuilles en me frottant la joue. Elle m'attrape par le bras, me traîne à l'intérieur de la maison et ferme la porte.

8

Formation

Il fait humide, le ciel est chargé de nuages. L'orage ne devrait pas tarder. Au loin, j'entends déjà le vrombissement du tonnerre. Mon corps et mon estomac ont compris qu'il fallait se satisfaire de quelques boulettes de riz par jour. Mes jambes sont couvertes d'ecchymoses, mon visage, boursouflé, et j'ai mal au dos à force de rouler des bidis de l'aube au crépuscule. Cependant, ces douleurs et le traitement infligés par ma mère me semblent relativement moins dramatiques que ce qu'a enduré ma sœur.

Je me suis aménagé un petit espace sur la terrasse en boue séchée, dans le prolongement de notre maison. Ces dernières nuits ont été particulièrement fraîches, l'hiver approche. Je demande à Dipak de me faire passer un drap pour me couvrir le soir. À chaque instant de la journée, je surveille les alentours de peur que ma mère ne surgisse. Ses insultes et ses brimades se terminent toujours par des gifles ou des coups de bâton. Sa colère semble irréversible et la plonge parfois dans un état inquiétant. J'ai l'impression que ma décision la pétrifie d'angoisse. Contrairement à Ma, les voisins du village sont passés à autre chose et mon intervention, même si elle est présente à l'esprit de chacun avec des avis plus ou moins contrastés, est désormais de l'histoire ancienne.

La discussion à l'intérieur de la maison s'envenime, Dipak est en colère contre Ma, il lui reproche son comportement de la veille, lorsque j'ai réitéré mon désir de ne pas me marier. Baba intervient et prend également ma défense. Ma ne veut rien savoir : tant qu'elle sera vivante, ses enfants se plieront aux règles, dont le bien-fondé a été prouvé. Elle les accuse d'être « lâches », d'être « irresponsables », de me « laisser jouer et perdre mon temps à l'école alors que nous n'avons pas de quoi nous nourrir »... Mon frère lui fait remarquer que Josna a failli mourir quatre fois à cause de ces règles d'un autre temps. Le ton monte, les esprits s'échauffent, Dipak annonce qu'il va quitter le village pour tenter sa chance dans une grande ville, Calcutta ou Bangalore. Sa décision est prise, il ne veut plus rester dans cet univers rural où il n'y a pas assez de travail.

Je parle régulièrement à ma sœur par téléphone. Toujours en cachette. Elle a évidemment appris que j'ai étalé notre vie, que je me suis opposée au mariage et que depuis notre mère me traite comme du bétail. Elle prend de mes nouvelles, demande si la situation s'améliore à la maison ; je réponds par la négative et je m'excuse auprès d'elle d'avoir mentionné ses grossesses malheureuses en public. Elle me conseille de ne pas céder aux propositions, même si elle redoute notre mère sans doute plus que moi. Elle envie le courage dont je fais preuve, qu'elle n'a pas eu quand la même situation s'est produite il y a quelques années. Elle regrette de ne plus pouvoir enfanter tellement ses organes génitaux ont été endommagés. Le médecin lui a conseillé une nouvelle opération pour éviter des risques d'infection à l'avenir. Ni elle ni son mari n'ont les moyens de payer l'intervention chirurgicale pour l'instant. Son mari gagne toujours aussi peu. Je suis désolée pour elle, pour lui et pour leur enfant. Je demande des nouvelles du petit Debu. Il me manque terriblement. Josna me recommande de faire le dos rond et d'éviter toute nouvelle confrontation avec Ma jusqu'à ce que la tension redescende pour de bon. J'ai du mal à croire que cela arrivera un jour.

Je raccroche, remets le téléphone dans son étui en tissu, puis le range bien à sa place dans les affaires de Baba. Je me faufile ensuite dans la cour où j'ai laissé les accessoires pour rouler les bidis.

Ils sont venus tous les trois : l'instituteur, le directeur de l'école et l'adjoint du ministre du Travail.

Ils veulent parler à mes parents. La situation a duré trop longtemps et des élèves ont rapporté le mauvais traitement que je subis à la maison. Je crains une nouvelle colère de ma mère dont je ferai les frais une fois qu'ils seront partis. Ils sont assis sur un lit en corde tressée. Baba a honte de les recevoir sans même pouvoir leur servir une tasse de chaï. C'est la raison pour laquelle nous ne recevons quasiment personne à la maison. Tout ce que ma famille peut offrir aux visiteurs, c'est un verre d'eau. Ma, qui veut néanmoins faire bonne impression, demande au marchand d'en face de nous apporter du thé. Elle le paie avec un billet tout froissé qu'elle garde contre sa poitrine, sous son sari.

Le ton de la conversation est calme et posé. Je n'arrive pas à entendre ce qui se dit. Je me glisse dans une ruelle, fais le tour de la maison par-derrière et viens me coller à la hutte de nos voisins. L'instituteur et le directeur ne disent presque rien, c'est essentiellement l'adjoint du ministre du Travail qui dialogue avec mes parents, sagement assis à l'écouter.

— Il faut que vous laissiez votre fille revenir à l'école, c'est très important pour elle…

— Pas question ! répond brutalement Ma. Elle nous a humiliés devant tout le village ! Elle est la seule à s'opposer au mariage, tous les voisins, tout le monde autour de nous nous considère comme des parents incapables d'exercer leur autorité sur leurs enfants, même quand c'est une fille…

— Les nouvelles dans les journaux vont et viennent. Il ne faut pas vous en faire, cela va se tasser et dans quelques semaines tout le monde aura oublié cette histoire…

— D'où lui viennent ces idées ? Aucune Kalindi n'a la tête aussi dure et n'est aussi obstinée !

— Votre fille est très douée, ce n'est pas Atul, son instituteur, ni Arjun, son directeur, qui vont me contredire, n'est-ce pas, messieurs ?

Atul se redresse précipitamment, comme surpris dans ses pensées ; il pose le verre de thé, caresse sa fine moustache pour en éliminer les traces de liquide.

— C'est une excellente élève. Elle comprend beaucoup plus vite que ses camarades et elle est consciencieuse ; ses devoirs sont toujours faits, elle prend souvent la parole en classe, et même si elle a tendance à chahuter par moments, les progrès qu'elle fait sont très encourageants. C'est vraiment dommage de l'empêcher de continuer l'école. Les enfants de ce tempérament sont rares.

— Le cursus qu'elle suit est destiné aux enfants qui ont commencé l'école en retard. Ils sont censés faire le programme en quatre ans. Mais je peux vous assurer que pour votre fille ce sera plus court, confirme le directeur.

Il retire ses lunettes et ajoute :

— Elle est très mature, elle a de toute évidence une expérience beaucoup plus prononcée que ses autres camarades.

— C'est parce que nous lui avons appris à travailler très tôt ! s'empresse de dire Ma. Elle a commencé dans les rizières, elle sait aussi rouler des cigarettes presque aussi bien que son père, et depuis son plus jeune âge elle m'aide à entretenir la maison et à s'occuper de ses frères et sœurs. Elle sera une femme parfaite, surtout à cet âge où les filles sont le plus demandées.

— C'est très bien, mais c'est une vision à très court terme. Au ministère du Travail, nous avons chaque jour des milliers d'enfants qui abandonnent la classe pour aider leurs parents. Des centaines d'enfants sont mariés sans leur consentement et, croyez-en notre expérience, tous en viennent à abandonner la classe. Il n'y a pas d'exception. Et encore, je ne vous parle que des cas recensés, ceux portés à notre connaissance. La réalité est bien pire !

Baba semble rassuré de savoir que notre situation et notre misère ne sont pas des cas exceptionnels. Du moins bien moins que ce qu'il pensait. Il est vrai que personne n'aime vraiment confier qu'il survit dans des conditions très précaires.

— Votre fille a un très bon potentiel. Elle parle bien : je l'ai vue intervenir devant des centaines de personnes, sans avoir le trac, et les réactions ont été excellentes. Il y a peu d'enfants capables de faire cela sans avoir été au préalable longuement préparés. Vous ne devriez pas la traiter comme vous le faites…

Baba écoute religieusement les trois fonctionnaires. Il est fier que ces notables parlent de sa fille en ces termes.

— Par ailleurs, reprend M. Kundu, le traitement que vous lui faites subir est répréhensible par la loi, vous le savez bien ! Et le panchayat du village risque bien de se retourner contre vous.

— Le panchayat n'a jamais empêché qui que ce soit de se marier, que je sache ! Regardez tous nos voisins, ils font de même, il n'y a rien de mal à cela. Et puis, c'est bien beau, vos discours, mais le fait est qu'à la fin de la journée, je n'ai toujours rien à mettre dans les assiettes des enfants ! lance Ma.

— C'est pour cette raison que vous refusez de la nourrir et que vous la frappez ? réplique sèchement le directeur de l'école.

— Nous prenons soin de notre fille comme nous le faisons avec nos autres enfants, rétorque ma mère.

Je surgis de ma cachette :

— Ce n'est pas vrai ! Elle ment ! Depuis des semaines elle me bat quotidiennement, elle m'insulte et me prive de nourriture. Je n'ai même pas le droit de dormir à l'intérieur, vous voulez que je vous montre où je passe mes nuits !

Mon intervention a surpris tout le monde. Silence. Mon père est gêné et s'il n'y avait pas eu la présence des hommes, ma mère m'aurait étranglée de ses propres mains pour lui tenir tête de cette façon, de surcroît devant des étrangers.

— Elle exagère, c'est son tempérament de feu. Parfois j'ai l'impression qu'elle est possédée par des démons !

— C'est toi qui es folle à lier ! Je travaille jour et nuit. Je vais chercher du bois dans la forêt, de l'eau à la rivière ! J'ai accepté de rouler des cigarettes à temps plein pour que l'on puisse avoir une nouvelle rentrée d'argent. Et malgré cela tu continues à vouloir m'imposer un mariage dont je ne veux pas entendre parler. Tant que je ne céderai pas, et je ne céderai pas, tu me traiteras comme une belle-mère traite sa belle-fille, c'est-à-dire comme une esclave ! Devant ces messieurs, tu oses endosser le rôle de mère de famille bienveillante et protectrice ?

Ma mère fulmine devant cet affront, aggravé par la présence d'étrangers. Avant que la situation ne dégénère, l'adjoint du ministre du Travail reprend la situation en main en m'intimant l'ordre de les laisser parler entre adultes. Je ne discute pas. Je sais qu'ils m'ont écoutée et qu'ils ont compris. J'obéis, heureuse d'avoir dit la vérité devant eux.

— C'est pour cette raison que vous souhaitez la marier ? Pour avoir une bouche de moins à nourrir ? demande M. Kundu.

— Oui, entre autres, répond Baba. Il y a aussi le prix de la dot : à son âge, cela devrait tourner aux alentours de 5 000 roupies, mais dans plusieurs années, quand elle sera plus âgée, il nous faudra débourser beaucoup plus. Je n'ai pas les moyens d'attendre qu'elle termine sa scolarité. Et puis il n'y a rien de dramatique à vouloir marier ses enfants. J'ai épousé ma femme alors qu'elle était encore plus jeune que Rekha. Et c'est feu mon père qui a décidé pour moi.

— Si votre fille continue sur cette lancée, elle trouvera un mari très facilement et votre dot sera minime…

— Comment ?

— Nous avons une proposition à lui faire : nous voudrions qu'elle représente la cause des enfants dans la région. Elle a le talent et le niveau. Il ne lui manque que quelques cours afin qu'elle canalise son énergie.

— Mais cela ne règle pas le problème financier : vous voyez bien que nous sommes pauvres, cette maison en boue séchée est notre seule fortune. Je n'ai même pas une parcelle de terrain à labourer. Chaque jour nous devons trouver de quoi payer le repas du soir et du lendemain, continue Baba, tandis que Ma ronge son frein et n'ose plus ouvrir la bouche.

— Je peux vous aider à obtenir une allocation du gouvernement. Il y a des fonds réservés pour les familles sous un certain seuil de rentrée d'argent. Cela s'appelle le BPL[1]. Je pense que vous devez remplir les critères. Si vous acceptez que Rekha retourne à l'école, je m'engage à vous faciliter les démarches. Cela peut être fait en quelques mois, conclut M. Kundu en relevant sa mèche, conscient qu'il vient pour la première fois de toucher un point sensible, voire de convaincre mes parents.

Ceux-ci demandent du temps pour réfléchir. M. Kundu leur laisse jusqu'à demain pour décider. Atul insiste sur le retard scolaire que j'ai accumulé ces dernières semaines. Arjun rappelle qu'il est fort possible que, compte tenu de mes capacités, je puisse faire le cursus en deux ou trois ans au lieu de quatre comme prévu. M'ouvrant ainsi la voie générale avec à peine quelques années de retard. Mais pour cela, il faut impérativement reprendre le rythme dès que possible.

Malgré l'heure tardive, la lumière de la lanterne danse encore dans la nuit noire. Mes parents discutent depuis un long moment. Dipak se joint à la conversation. Je grelotte sous mon drap mais je tends l'oreille pour tenter de saisir quelques mots. La rencontre de la matinée a déclenché un véritable conseil de famille. Avec, comme souvent ces derniers temps, mon cas en sujet principal. Mon frère

1. *Below Poverty Line.*

et mon père font plier ma mère. J'entends clairement Baba qui tape du poing sur la table : il est le responsable de cette maison, la décision finale lui revient ! Dipak paraît rassuré, il salue ce revirement avant que la situation ne dégénère au point de créer de sérieux problèmes à la famille. Notamment si les fonctionnaires empruntent une voix moins diplomatique et que les autorités s'en mêlent. En Inde, il n'est jamais très bon d'être dans le collimateur de la justice ou de la police. Surtout quand on est pauvre et vulnérable. Or c'est notre cas. Ma confie ne vouloir que mon bien elle aussi.

Le lendemain matin, mon frère me tend mon cartable. Je suis émue et angoissée à l'idée de retourner en classe.

La « rentrée » se passe mieux que je ne l'aurais imaginé. Aucun élève ne fait de commentaire désagréable. Je sais que certains d'entre eux ont reçu des instructions de leur famille : ils n'ont plus le droit de me fréquenter ou de me parler. Un moindre mal, comparé à ce que j'ai enduré. La classe se déroule comme si de rien n'était. Seuls quelques écoliers me regardent curieusement comme s'ils voulaient s'assurer que je suis vraiment de retour.

M. Kundu attend patiemment la fin des cours. À la sortie, il me demande de le suivre dans le bureau du directeur. Arjun cède sa place au ministre adjoint, qui me félicite d'être à nouveau dans mon environnement. Il redit tous les bons points qu'il a retenus durant mon intervention au musée des Sciences naturelles de Purulia.

— Cette histoire peut te paraître éprouvante, et je ne doute pas qu'elle l'a été, mais crois-moi, les fruits de cette expérience se cueilleront dans plusieurs années. Pour l'instant, j'ai besoin de toi. Es-tu d'accord pour refaire d'autres interventions comme celle de Purulia ?

Je réponds « oui » sans même réfléchir. Le fonctionnaire se lève de la chaise, invite Arjun à s'y rasseoir, se recoiffe et m'annonce que l'on va se revoir très bientôt.

Mon directeur me tend deux feuilles imprimées.

— À apprendre par cœur pour la fin de la semaine, me précise-t-il.

Le document parle du droit des enfants, de l'importance de l'école pour notre éducation, du travail et des mariages forcés d'enfants. Je lis et relis les feuilles des dizaines de fois afin de les mémoriser parfaitement. Certaines notions me sont étrangères, d'autres, au contraire, notamment les risques de grossesse chez les jeunes filles, me sont plus familières. Après la classe, je reste, ainsi que d'autres élèves en difficulté, pour rattraper mon retard.

Dipak est sur le point de partir à Bangalore. Il porte un sac en bandoulière dans lequel il a mis quelques vêtements. Il a revendu tout son matériel à thé pour payer son voyage. Si tout se passe bien, il devrait arriver à Bangalore dans deux jours. Sur place, un ami lointain est prêt à l'accueillir au début. Ils vont partager le loyer le temps que Dipak trouve un emploi stable. La veille de son départ, je le serre très fort dans mes bras. Il promet d'appeler régulièrement. Sur le trajet, il s'arrêtera dire au revoir à Josna, Badhari et Debu.

Le lendemain matin, quand je me lève, il est déjà parti.

M. Kundu me téléphone pour m'annoncer qu'il y a un séminaire de formation prochainement. Cela devrait durer quatre ou cinq jours tout au plus. Nous serons hébergés sur place avec une cinquantaine d'autres enfants plus l'équipe pédagogique. Les repas sont pris en charge par le gouvernement du Bengale. Il veut s'assurer que je souhaite y participer avant de contacter mes parents.

L'ambiance à la maison s'est un peu adoucie. Les rapports avec Ma sont toujours tendus mais je n'en demande pas plus. Mes parents sont d'accord pour que je me joigne à la formation prévue par le ministère du Travail.

Un bus vient nous chercher après la sortie de l'école. En fin de journée et après plusieurs heures en autocar, nous arrivons dans un établissement appartenant au gouvernement régional. Les filles sont au premier étage, les garçons, au rez-de-chaussée. Le dortoir est suffisamment spacieux pour accueillir tout le monde. Je dépose mon sac près d'une fenêtre. Nous sommes en pleine forêt, il n'y a quasiment aucune lumière aux alentours. Pour la première fois, je vais dormir dans mon propre lit et sur un matelas.

Nous sommes plusieurs dizaines à table. On nous sert un dîner très copieux avec du poulet masala, des légumes frits et des lentilles, le tout accompagné de rotis. M. Kundu prend la parole et, bien que nous soyons tous un peu fatigués par les heures de trajet, nous devons passer un à un nous présenter brièvement. Il nous explique que, durant ces prochains jours, nous aurons plusieurs exercices à faire. Tous ont pour but d'accroître notre leadership. Il précise que nous avons été sélectionnés parmi des centaines d'élèves et qu'il compte sur nous pour être à la hauteur.

Vers 4 heures du matin, nous sommes réveillés par la surveillante. Le premier exercice consiste à former des petits groupes de six. Le document que je devais apprendre est inscrit sur plusieurs tableaux noirs. Des instituteurs prennent en charge chacun des groupes. Ils nous expliquent que l'un d'entre nous doit se tenir dos au tableau et réciter le texte à ses camarades. Les autres doivent vérifier qu'il n'y a pas d'erreur et, s'il y en a, doivent l'interrompre mais sans le corriger ; celui-ci doit trouver et rectifier tout seul son erreur. Nous connaissons tous notre texte par cœur, mais le débiter devant cinq paires d'yeux scrutant le moindre faux pas est un exercice plus compliqué que je ne pensais. Je dois m'y reprendre à deux fois. Chacun des enfants doit ensuite se présenter au reste de son groupe, dire d'où il vient et raconter son histoire avant d'intégrer l'école. Nous découvrons que nous avons tous plus ou moins le même parcours, les mêmes problèmes. Nous venons de familles pauvres ou rurales. Nous avons tous à un moment ou un autre travaillé pour venir en aide à nos proches. Nous avons été confrontés à des parents qui souhaitaient nous voir abandonner la classe pour des raisons économiques ou de mariage forcés. Il est assez réconfortant de se rendre compte que notre cas n'est pas isolé et que nous partageons plusieurs points communs.

Nous formons deux cercles autour d'un anneau posé à terre. Les enfants du premier cercle ont des grosses billes ; les autres, en retrait, ont des billes de taille normale. Le but du jeu est de pousser les billes disposées de manière aléatoire en dehors de l'anneau à l'intérieur. Pour le premier cercle d'enfants, c'est plus facile car ils ont des calots et sont plus proches de la cible. L'instituteur nous observe, prend des notes, arbitre. Il nous explique quelle leçon retenir de ce jeu.

— Les enfants au premier rang ont des calots, ce qui représente leur potentiel de réussite. Ils sont avantagés par rapport à ceux qui sont derrière, plus éloignés d'une part mais aussi moins bien servis car ils n'ont qu'une bille. Maintenant, nous allons changer une chose : le premier cercle a des billes et le second, des calots. Remettez-vous en place !

Nous remarquons qu'il est quand même possible de pousser les billes dans l'anneau tout en étant éloignés. J'ai compris le principe : peu importe que l'on soit devant ou derrière, ce qui compte, c'est d'avoir un calot et non une bille !

— Les gens pauvres sont le second cercle, les gens plus aisés sont le premier cercle. Et comme je vous l'ai dit auparavant, votre potentiel ne réside que dans ce que vous avez en main. Vous avez remarqué que l'on pouvait quand même réussir en étant éloignés ? Retenez que la bille et le calot représentent votre niveau scolaire. Si vous avez un bon niveau, vous aurez plus de chances de réussir dans la vie. Peu importe d'où vous venez.

Je suis sidérée par cette analogie qui a du sens et qui explique que même des gens pauvres comme nous peuvent un jour sortir de la misère. J'ai bien tenté de l'expliquer à mes parents, mais ils n'ont jamais réellement compris ce que je voulais dire.

Dans un second temps, toujours autour de l'anneau, on nous demande de former des équipes de deux ; le premier est membre du premier cercle, le second, de l'autre. Il faut communiquer discrètement afin de ne pas être bloqué par les autres équipes. Il est assez délicat de définir des règles et des stratégies de dialogue avec des personnes que l'on ne connaît que depuis quelques heures. Si mes amies avaient été là, cela aurait été plus simple. L'instituteur nous explique qu'il reviendra sur ce jeu après la pause déjeuner.

Je rencontre plusieurs personnes remarquables durant cet atelier. Certaines ont vraiment souffert, et il semble que ce qui nous lie soit le fait d'avoir travaillé quand d'autres enfants allaient à l'école et s'instruisaient. Je remarque aussi que certains d'entre nous sont capables d'initiatives tandis que d'autres, pas du tout. Chacun a des qualités, le but étant de les conjuguer ensemble pour qu'une équipe soit efficace. Je viens de comprendre l'autre intérêt du jeu de billes.

D'autres activités sont prévues jusqu'à l'heure du dîner. En fin de journée, nous sommes éreintés et, une fois dans notre dortoir, nous nous endormons tous très vite.

Le matin, on nous distribue des journaux, des ciseaux et de la colle. Le but du jeu cette fois-ci est de constituer une banderole sur laquelle les mots découpés et juxtaposés forment une phrase cohérente. Tous les groupes sont en compétition. Au début, il s'agit de faire une phrase avec cinq mots le plus rapidement possible. Puis cela devient de plus en plus difficile avec dix ou quinze mots. Je comprends que pour gagner il faut s'organiser. Je rassemble l'équipe et définis les rôles de chacun. Trois sont à la recherche des mots et sont censés les dire tout haut pour que l'on sache de quelle manière nous allons les disposer ; deux s'occupent de les découper et de les coller dans le bon ordre ; enfin, le sixième doit superviser le processus pour éviter qu'une erreur ne se glisse. Les membres de l'équipe valident cette stratégie, nous gagnons coup sur coup. Pour corser le jeu, certains élèves n'ont pas le droit de se servir d'un de leurs membres, ou bien ils ont les yeux bandés. À chaque nouvelle contrainte, il faut redéfinir les rôles. Ceux dont les yeux sont bandés sont destinés par exemple à coller les mots. Ceux qui n'ont pas le droit de se servir de tout leur corps lisent les coupures de journaux. J'aime beaucoup ce jeu car il faut constamment s'adapter à de nouvelles règles.

Le dernier jour, nous devons tous nous exprimer devant les autres élèves. On nous remet un papier quinze minutes avant de monter sur l'estrade avec le thème que l'on doit aborder. Il faut impérativement finir en moins de dix minutes et ne parler que du sujet. Toutes les notions ont été abordées au cours de l'atelier ou dans le document que nous devions apprendre par cœur. Je tombe sur les risques sanitaires au cours d'une grossesse prématurée, un sujet que je maîtrise bien.

La dernière demi-journée sert de bilan. M. Kundu nous félicite et explique en quoi ces exercices ludiques sont en fait très importants. Une fois de retour à l'école, nous aurons un rôle spécial, et pour pouvoir l'endosser il nous a fallu développer nos compétences orales, notre sens du leadership et être parfaitement au courant du droit des enfants. Avant de prendre la parole en public, nous devons être sûrs d'avoir un message simple et clair à transmettre, d'aller droit au but, de maîtriser notre élocution et notre rythme de paroles et ne pas oublier d'utiliser des exemples. De préférence des expériences déjà vécues pour accroître la crédibilité de nos propos.

M. Kundu nous rappelle que l'équipe pédagogique est toujours à notre disposition si nous avons besoin de conseils ou de renseignements supplémentaires. Il nous demande de ne jamais oublier que nous sommes des enfants différents des autres et que notre influence peut faire changer les choses.

9

Plaidoyer

Depuis mon intervention au musée, certains journalistes reviennent, suivent l'évolution de la situation, se renseignent sur les prochaines étapes. L'intérêt qu'ils portent à mon histoire m'encourage dans mes idées et mon combat. Je reçois également le soutien de quelques politiques. Concrètement, cela se matérialise par des petites donations d'argent ou de biens. Principalement pour faire face aux difficultés de la vie quotidienne.

Une équipe de reporters vient spécialement de l'étranger pour me rencontrer. Ils passent plusieurs jours dans le village. Je les présente à mes amis, mes camarades d'école ainsi qu'à mes instituteurs. Ils restent de longs moments à discuter avec mes parents.

Le dernier jour, nous allons au grand marché hebdomadaire de Sampur. Josna, son mari Badhari et Debu nous accompagnent. Nous en revenons les bras chargés de sacs de courses : légumes, poulet, épices, riz et lentilles. Il n'y a jamais eu autant de nourriture à la maison ! Ils insistent pour que nous achetions également des ustensiles de cuisine, des produits d'hygiène, de nouvelles paillasses et des couvertures pour l'hiver. Mon beau-frère Badhari est éberlué devant un rasoir en métal brossé avec des lames interchangeables et un blaireau aux poils doux. Les journalistes le lui offrent, il promet de le garder des années.

Peu avant leur départ, le cameraman me remet de l'argent en liquide. Je lui promets de le dépenser convenablement. Je demande conseil à mon instituteur, qui me suggère de m'inscrire à une formation en informatique. La seule matière que nous n'étudions pas du tout à l'école, faute d'équipement.

La petite salle est agréablement organisée. Des ordinateurs équipés de webcam sont disposés en arc de cercle, un ventilateur au plafond brasse l'air frais soufflé par le climatiseur. Un grand portrait encadré de Sai Baba[1] surplombe la pièce, juste au-dessus du bureau des propriétaires.

Les deux frères, qui ont passé la plupart de leur temps à Calcutta, se sont installés dans ce coin perdu près de leur village natal pour être plus proches de

1. Sai Baba, figure incontournable du métissage culturel hindou musulman. Sai Baba est apprécié de ses fidèles, notamment pour la compassion infinie dont il fait preuve.

leurs parents. Ils sont musulmans et connaissent très bien les ordinateurs. Je me suis inscrite à leur formation avec mon amie Budhimuni. Les cours ont lieu quand on le souhaite, dans un délai de trois mois.

Yusuf nous montre comment écouter de la musique, regarder des films, ou encore utiliser Internet. On nous enseigne les bases de la bureautique : nous apprenons à créer ou ouvrir un document texte, à écrire et sauvegarder. Je trouve cet outil très facile à utiliser et très pratique, même si je fais souvent des erreurs. Quand il y a une coupure de courant, les frères démarrent le groupe électrogène et les ordinateurs reprennent vie. Chaque fois qu'une nouvelle notion est assimilée, nous en abordons une autre. Ces machines contiennent des tonnes de secrets, et même si nous y consacrions tout notre temps, nous aurions toujours quelque chose à apprendre. Yusuf est heureux de transmettre ses connaissances qu'il semble maîtriser à la perfection. Ses explications sont très claires et il n'hésite pas à faire des comparaisons avec la vie quotidienne afin que l'on comprenne mieux.

Le trajet du retour dure une heure à pied. Mes parents insistent pour que je ne rentre jamais de nuit. Je leur propose d'acheter un vélo avec l'argent donné par l'un des politiciens. Cela sera utile à tout le monde, et ainsi les trajets les plus longs seront moins pénibles. Baba approuve cet achat. Nous allons ensemble à Purulia en bus. Nous rejoignons mon beau-frère, qui nous conseille d'aller voir son patron, qui a plusieurs centaines de bicyclettes et sera de bon conseil.

Gopal Babu est dans son atelier à superviser des dizaines de personnes qui réparent, martèlent, regonflent les pneus des engins plus ou moins cabossés par leur utilisation intensive. Le vacarme est assourdissant. Au fond de la cour, deux hommes utilisent un appareil à souder pour fixer la charrette sur laquelle les passagers s'installent. Sur la gauche, une dizaine d'ouvriers manipulent et badigeonnent des pièces pleines de graisse dans des bassines en plastique dont la couleur est à peine visible. Leurs doigts sont noirs et visqueux, la graisse s'est glissée jusque sous leurs ongles. Tandis que Baba se présente et que le propriétaire écoute d'une oreille distraite, j'observe qu'il a plusieurs cicatrices sur les bras. Ses yeux scrutent les ouvriers. Nous avons l'impression de l'embêter, de lui faire perdre son temps. Sa main droite est immobile. La gauche caresse sa barbe blanche, puis il regarde sa montre.

— C'est bientôt l'heure de déjeuner. Avez-vous mangé ?

— C'est très gentil à vous mais nous n'avons pas beaucoup de temps, nous allons…

— Si vous ne prenez pas le temps de manger, c'est que vous devez vraiment être pressés. Mais permettez-moi d'insister. Vous êtes de la famille de Badhari et je ne peux pas vous laisser partir le ventre vide. De plus, les ouvriers vont s'arrêter et nous pourrons parler tranquillement.

— Merci à vous ! Nous acceptons avec grand plaisir et vous remercions de votre accueil et de votre hospitalité.

Plusieurs petits plats sont disposés sur une paillasse à même le sol. Accroupi, chacun se sert en légumes, poulet, sauce et rotis. Entre deux bouchées, Gopal Babu demande à Baba :

— Que cherchez-vous exactement ?

— Il nous faut une petite bicyclette. Nous habitons à Bararola et ma fille a besoin d'un véhicule pour se rendre à l'école.

— Tu cherches un vélo pour ta fille ou pour toute la famille ?

— Pour toute la famille, évidemment. Qui donc peut se permettre d'avoir plusieurs véhicules par famille ?

— Il y en a ! Crois-moi, il y en a ! Quand j'étais enfant, il y avait peu de cycles, mais avec le temps, certains se sont enrichis et le vélo reste le moyen le plus abordable pour se déplacer. Ta fille va à l'école, dis-tu ? C'est une très bonne chose. Moi-même, j'ai bataillé pour que mes enfants puissent avoir une éducation digne de ce nom et faire un métier moins pénible que le mien. Ils sont tous aux États-Unis et reviennent me voir chaque été. Ils ont leurs problèmes, eux aussi, mais tout le monde en a, n'est-ce pas ?

— Oui, la vie n'est pas facile, mais c'est notre destin de suivre la route tracée par les dieux.

— Sans vouloir passer pour un blasphémateur, j'ai appris au cours de ma modeste vie que les dieux sont aussi ouverts à la négociation. Leur jugement n'est pas aussi définitif que l'on croit, répond Gopal Babu avant d'éclater de rire.

Baba ne relève pas. Je souris et, de peur d'être observée, je baisse la tête en direction de mon assiette.

— Quel est ton métier, Kalindi ? Tu es fermier ?

— Non, je n'ai pas de terre, malheureusement. Je roule des bidis.

— C'est très douloureux au bout d'un certain temps, m'a-t-on dit…

— Je ne me plains pas ! Après une vingtaine d'années, il est vrai que mon dos me fait souffrir, mais le bon côté est que j'ai complètement arrêté de fumer.

— C'est une bonne chose ! Et ta fille est-elle bonne en classe ?

— Oui, elle passe son temps à étudier, rien d'autre ne l'intéresse…

— C'est bien, ma fille, dit Gopal en me fixant de ses yeux noirs. Il faut profiter de ces moments d'insouciance pour travailler et réfléchir à ton avenir… Mes enfants sont très heureux que je les aie poussés à aller à l'université plutôt que de travailler comme chauffeur de pousse-pousse. J'ai l'impression de t'avoir déjà vue… S'est-on déjà rencontrés ?

— Je ne pense pas, monsieur, je m'en serais souvenue.

— Attends un peu, tu ne serais pas Rekha ? La petite fille dans les journaux ?

— Oui, je m'appelle bien Rekha…

Je sens mon père gêné par la tournure de la conversation.

— Ah mais oui ! Je me souviens, tu es la petite fille qui refuse de se marier !

Baba est blême ; il pensait cette histoire enterrée pour de bon, elle le poursuit jusqu'ici.

— Écoute, Karno, les filles comme la tienne sont exceptionnelles ! Je suis ravi de faire votre connaissance. Je ne sais pas ce que te disent les autres, mais sache que moi, je suis très fier de vous rencontrer. Vous devez avoir beaucoup de remarques désobligeantes, notamment dans votre village, mais vous aurez toujours mon soutien. Notre pays a besoin de gens comme vous ! J'ai eu trois garçons mais si j'avais eu une fille, je lui aurais donné les mêmes chances qu'à ses frères !

— Merci pour votre soutien, Gopal. Nous sommes très heureux d'avoir une fille avec autant de caractère et de personnalité !

— Assez parlé ! Amosh, va dans l'atelier, prends le meilleur vélo, révise-le, graisse-le proprement et ramène-le dès qu'il sera prêt ! ordonne Gopal à l'un de ses ouvriers qui s'empresse de se diriger vers le garage.

— C'est très gentil à vous, Gopal Babu, mais je tiens à payer.

— Je comprends. Même si mon geste n'est pas de la charité, je ne veux pas t'offenser. Donne-moi ce que tu as prévu comme budget pour la bicyclette. Et si tu as le moindre problème, reviens me voir. C'est un vélo « garanti », comme disent désormais tous les industriels qui vendent des ventilateurs ou des mixeurs ! conclut-il en éclatant une nouvelle fois de rire avec sa voix grave.

— Merci infiniment ! Puissent les dieux vous remercier de votre bonté, balbutie Baba en tendant les billets soigneusement pliés.

Le propriétaire les met dans sa poche sans compter. Amosh revient quelques minutes plus tard accompagné d'une magnifique bicyclette noire avec une selle en cuir, des pneus neufs, un panier devant le guidon et un porte-bagages équipé d'un coussin ! Je suis tout excitée, bien que l'engin soit presque aussi haut que moi et que de toute évidence je vais avoir du mal à le conduire seule.

Nous repartons en direction du village, après avoir longuement remercié Gopal Babu pour le déjeuner offert et le prix très avantageux du vélo.

Nous glissons sur la route, la brise fouette mon visage, le vent soulève mes cheveux. Je suis assise en amazone sur le confortable porte-bagages. Mon père pédale de plus en plus vite sous un soleil radieux. En arrivant à la statue d'Hanuman, nous descendons du vélo pour ne pas l'abîmer en roulant sur des pierres saillantes. Sur le chemin de terre, Baba me propose de conduire. Je suis impatiente de prendre l'engin en main. Je pédale vite afin de mieux sentir le vent chaud contre mes joues.

Dans notre engouement, nous avons oublié d'acheter un antivol. La bicyclette passera la nuit à l'intérieur de la maison.

Je suis désignée chef de la classe. Atul l'annonce aux élèves dès la fin des cours. Si un problème délicat vient à se poser ou si nous avons des questions que nous préférons aborder entre enfants, les écoliers peuvent venir me voir. Sur le chemin du retour, mes amies me félicitent et sont curieuses de savoir en quoi a consisté mon séminaire. Je leur réponds que nous avons joué tout en apprenant beaucoup de choses, que j'ai rencontré des personnes avec les mêmes problèmes que nous, bien qu'elles habitent loin de notre école.

Je n'entre pas dans les détails car je dois appeler ma sœur. Elle est alitée et a de la fièvre. Sa voix au téléphone est plus faible que d'habitude. Le médecin lui a prescrit des cachets pour faire baisser sa température. Je lui demande si elle porte un nouveau bébé dans son ventre. Elle répond que non. Du moins, elle ne pense pas être enceinte. Spontanément, je lui propose de payer l'opération que le médecin lui conseille de faire depuis des mois.

Le lendemain, j'accompagne mon père à la banque pour retirer les derniers milliers de roupies qu'il me reste sur mon compte. Il grimpe dans le bus en direction de la belle-famille. Je reviens à vélo à la maison. À peine arrivée, le téléphone sonne. M. Kundu m'informe qu'il vient d'organiser une première session où je dois intervenir en public. C'est dans une semaine. Je n'en parle pas à mes parents.

Dès la fin de la classe, le directeur et l'adjoint du ministre du Travail m'attendent afin que nous allions ensemble au rendez-vous. Sur place, quelques dizaines de personnes patientent. La réunion a lieu devant le bureau de police de Jalda, situé à quelques kilomètres de la maison. M. Kundu prend la parole pour expliquer pourquoi nous sommes là aujourd'hui :

— Depuis quelques années, nous avons entamé un programme afin de combattre le travail des enfants. Depuis quelques années, nous avons étudié les problèmes rencontrés par les parents, c'est-à-dire vous, ici présents, pour nourrir leur progéniture. Nous avons remarqué que si les enfants travaillent dès leur plus jeune âge, c'est principalement pour venir en aide à leur famille. Mais nous avons aussi remarqué qu'ils travaillent parce qu'ils quittent l'école. Or, l'école est obligatoire et nul n'en est dispensé. Le Premier ministre l'a encore rappelé au cours de son discours.

La foule écoute, des badauds s'approchent, tendent l'oreille, demandent de quoi il s'agit. Les enfants sont installés devant, juste en face du pupitre. Il y a des garçons et des filles. Le son qui sort des haut-parleurs est teinté d'un sifflement strident. J'entends mon nom et je distingue M. Kundu qui me fait signe de m'approcher.

— Cette fille est comme vous ! Vous pourriez être ses parents, et aujourd'hui elle est là pour vous raconter son histoire. Rekha, viens te présenter, s'il te plaît.

Je suis impressionnée par l'attroupement en bas de l'estrade. Les yeux sont tous fixés sur moi. J'ai la gorge nouée, j'ai peur de bafouiller. Pourtant, dès que je m'approche du micro, le trac disparaît. Mon élocution est claire.

— Je m'appelle Rekha Kalindi, je viens du village de Bararola. Depuis que je suis toute petite, je travaille pour aider mes parents qui sont très pauvres. Nous sommes six enfants. Les jours où nous n'avons rien à manger, nous allons nous coucher le ventre vide en espérant que le lendemain sera meilleur. Lorsque mes parents ont décidé que je devais me marier, j'ai refusé.

Je marque un silence. La foule est suspendue à mes lèvres. Certains sont surpris par ma dernière phrase. Sans doute étonnés que l'on puisse contester l'avis parental lorsqu'on est encore un enfant. À plus forte raison sur la place publique. Je continue :

— Mais laissez-moi vous raconter ce qui est arrivé à ma sœur aînée. Durant cinq ans, elle a essayé de donner naissance à un bébé. Chaque fois qu'elle a accouché, elle a failli mourir. Ses cris, ses douleurs étaient insoutenables. Elle a échappé à la mort à plusieurs reprises, mais pas à la tristesse d'avoir perdu quatre enfants. Ma sœur n'a pas choisi de se marier, mais mes parents, si ! Ils ont décidé qu'elle était suffisamment mature pour être épousée et suffisamment jeune pour que la dot soit minime. Je ne critique pas mes parents, qui tous les jours font de leur mieux pour mettre un peu de riz dans nos assiettes. En revanche, je ne suis pas d'accord pour qu'ils me forcent à quitter l'école et à épouser un inconnu plus âgé que moi, uniquement pour avoir une bouche de moins à nourrir. Cela n'a pas été facile. Je dirais même que c'est extrêmement compliqué de contredire ses parents, et les conséquences sont particulièrement difficiles à encaisser. Mais si je suis là aujourd'hui, c'est pour vous dire qu'il est possible de refuser une union si vous ne la désirez pas. Il est possible de trouver une autre voie qui permet d'aller à l'école. Afin de réellement aider vos parents, afin d'avoir une vie moins pénible que la leur et afin que vos enfants vivent dans de meilleures conditions que les vôtres. C'est une vision ambitieuse qui est à la portée de chacun d'entre vous ! Je vous remercie de m'avoir écoutée.

À peine ai-je terminé ma phrase que la foule se met à applaudir. Principalement les enfants du premier rang. M. Kundu reprend la parole en rappelant à toute l'assemblée que la loi interdit aux garçons de se marier avant vingt et un ans et aux filles, avant dix-huit ans.

Je redescends de l'estrade, heureuse de m'être exprimée devant tout ce monde, fière d'avoir partagé mon histoire, ravie à l'idée qu'elle puisse inspirer d'autres personnes dans la même situation.

Dès la fin du meeting, plusieurs élèves viennent me confier leurs problèmes. Dipali a douze ans et, bien que ses parents souhaitent continuer à l'envoyer à l'école, elle est forcée d'épouser un homme âgé d'une vingtaine d'années, son grand-père tenant absolument à la voir mariée avant de mourir. Je lui ai conseillé de demander à son aïeul s'il préférait partir en premier ou assister à l'enterrement de sa petite-fille à cause d'une grossesse qui peut se révéler meurtrière à son jeune âge.

Le cas de Bina, treize ans, est très similaire au mien. Je ne peux que l'inciter à suivre ma voie en lui souhaitant beaucoup de détermination et moins d'ennuis que ceux que j'ai eus avec ma mère. J'ajoute qu'à un moment ou à un autre, les parents, qui se savent en tort, n'ont guère d'autre choix que de jeter l'éponge. Avec le temps et le soutien de ses instituteurs, Bina finira bien par convaincre ses parents que leur décision est irréalisable.

Des parents viennent également me saluer. Quelques mères disent envier le courage qu'elles n'ont pas eu quelques années auparavant ; d'autres, émues, promettent de tenir tête à leur mari qui envisage de céder leur fille bien qu'elle soit encore trop jeune pour devenir une épouse. J'ai l'impression, à travers cette intervention, de servir une cause juste et louable.

Dipak est bien arrivé à Bangalore. Il a trouvé du travail comme décorateur floral. Son activité consiste à tisser des fleurs entre elles avec de la ficelle afin d'en faire de longues guirlandes. Durant la saison des mariages, il travaille en continu plusieurs heures par jour, tous les jours de la semaine. Y compris les nuits. Il est régulièrement appelé par des hôtels ou de riches propriétaires qui souhaitent embellir leur bâtisse le temps d'une cérémonie religieuse ou pour l'anniversaire de leur enfant. Il habite avec un ami dans un endroit minuscule à l'arrière d'une petite épicerie. Le loyer est très abordable pour le centre d'une grande ville. Mon frère n'a cependant accès ni à l'eau ni à l'électricité. Il gagne suffisamment d'argent pour se nourrir mais pas assez pour économiser et venir nous rendre visite prochainement. Je lui demande de me raconter comment sont les gens, comment il fait pour ne pas se perdre au milieu de cette jungle urbaine. La communication coupe. Il a sans doute épuisé le crédit. Je n'aurai mes réponses que lors du prochain appel.

J'informe Baba que mon grand frère a appelé. Il regrette de ne pas avoir pu lui parler. Ma revient avec plusieurs paniers tissés. Elle suggère d'aller les vendre elle-même au marché plutôt que de les déposer chez le négociant. Elle est persuadée qu'elle peut en tirer plus que la poignée de roupies proposée par le grossiste.

Le rendez-vous suivant a lieu devant un hôpital, situé lui aussi à quelques kilomètres du village. Il n'y a presque pas d'enfants. J'ai de nouveau le trac avant de monter sur l'estrade et d'affronter les dizaines d'adultes. J'adapte mon discours en disant cette fois-ci que depuis que j'ai refusé le mariage proposé par mes parents, ma dot est très minime. Moins de 1 500 roupies, alors qu'il y a quelque temps mes parents auraient dû débourser plus de 5 000 roupies. Je n'épargne aucun détail des fausses couches de ma sœur aînée. Quelques femmes semblent touchées par ces incidents, comme si elles-mêmes les avaient vécus puis refoulés avant qu'ils ne refassent surface avec mon discours. C'est à elles que je m'adresse en particulier, les mères, car bien qu'elles n'aient presque jamais de pouvoir décisionnaire, elles ont une grande influence sur leurs maris. Je les encourage à écouter leurs filles plutôt que de les sanctionner ou de les martyriser. J'évoque ma confrontation douloureuse avec Ma, qui aujourd'hui regrette et reconnaît qu'elle a eu tort. J'invite ces mères à ne pas reproduire la même erreur que celle commise par la mienne.

Je parle pendant un peu plus d'une dizaine de minutes. Le message semble passer, si l'on en juge par les réactions de la foule. L'adjoint du ministre du Travail recoiffe sa mèche récalcitrante avant de conclure et de remercier le public. J'ai l'impression qu'il a lui aussi apprécié mon discours.

Les rencontres en public se multiplient sans que je m'en rende réellement compte. J'ai dû en faire une dizaine, voire une quinzaine au total. Le ministre adjoint tient à faire une évaluation après chaque intervention. Il me corrige, notamment lorsque je parle trop longtemps. Il me rappelle les points que nous avons abordés durant le séminaire. Il pointe également les éléments positifs durant mes discours, souligne la pertinence de mes exemples et les réactions très positives du public. Il est heureux que la presse locale se déplace à chacun de mes plaidoyers. Chaque interview donnée me rend de plus en plus crédible et accentue la profondeur de mes propos.

Une journaliste du *Hindustan Times* m'a questionnée pendant plusieurs minutes. Elle s'intéresse aux moindres détails, me fait répéter les réponses pour être bien sûre d'avoir tout compris. Les pages de son carnet se noircissent à mesure que nous discutons. Ses longs cheveux noirs tombent régulièrement sur son visage, qu'elle balaie d'une façon presque mécanique. Elle ressemble à ces femmes que l'on voit dans les films de Bollywood, les traits très fins et les lèvres épaisses. Elle n'a aucun accent hindi lorsqu'elle s'exprime en bengali, signe qu'elle est originaire de la région. Elle veut savoir si je suis prise en charge financièrement, si j'ai reçu des récompenses ou encore des cadeaux de la part des politiciens ou d'autres personnes. Je lui dis toute la vérité. Elle a l'air de me croire.

Le photographe multiplie les clichés. Je demande à les voir ; il m'en montre quelques-uns où nous apparaissons, la journaliste et moi, assises sur le perron de ma maison, puis d'autres où je suis seule ou en gros plan. Il me demande de rouler des bidis comme j'ai l'habitude de le faire. Je saisis le panier, les feuilles et, en l'espace de quelques minutes, je présente vingt-cinq cigarettes parfaitement roulées à la caméra. Le cliquetis de l'appareil se déclenche à répétition. Le photographe jette un œil en direction de l'écran, tourne les boutons avec dextérité puis fait un signe de la tête. La journaliste lui demande s'il est satisfait, il répond qu'il a suffisamment de belles photos pour illustrer l'article.

Mes parents sont également interrogés, d'abord séparément puis ensemble. Même les voisins ont droit à quelques questions. La reporter attrape mon téléphone portable, enregistre son numéro et me demande de l'appeler si j'ai besoin de quoi que ce soit. Je la remercie poliment. Je suis loin de me douter que son article, quand il paraîtra, sera lu par presque toute l'Inde, y compris par la Présidente.

Le prochain meeting a lieu à Calcutta. Je suis prévenue quelques jours à l'avance et l'on m'informe que d'autres personnes importantes prendront la parole. Mon instituteur me rassure en disant qu'il ne faut pas paniquer ni stresser, que c'est le même exercice que d'habitude, à la seule différence qu'il y aura beaucoup plus de personnes dans le public. M. Kundu, en revanche, me fait remarquer que je dois être impeccable et plus performante que durant les interventions précédentes. Je ne sais plus qui croire. Mes parents sont avertis. Ma mère tient à ce que Baba nous accompagne.

La voiture arrive à la mi-journée pour nous déposer à la gare ferroviaire. Le trajet en train me paraît interminable. Nous avons le temps de déjeuner et de dîner. Quelques personnes du ministère nous accompagnent. Certains d'entre eux me dévisagent longuement ; c'est la première fois qu'ils me rencontrent. Dès la tombée de la nuit, des membres de la compagnie des trains nous distribuent des draps et un oreiller sous sachet plastique. Un autre vient transformer les banquettes en couchettes. En quelques minutes, le wagon s'est métamorphosé en un gigantesque dortoir. Je suis juste au-dessus de mon père. J'ai du mal à dormir avec le bruit du roulement du train.

Les premiers rayons de soleil traversent la vitre crasseuse. Je me lève et je contemple le paysage qui défile devant mes yeux.

À l'arrivée, plusieurs hommes nous accueillent ; ils portent des chemises à manches courtes et des cravates, et nous conduisent dans un véhicule blanc équipé d'un gyrophare. L'intérieur de la voiture est confortable. M. Kundu en profite pour me donner quelques derniers conseils : concentration, esprit de synthèse, rapidité à interpréter les questions s'il devait y en avoir.

Il y a plusieurs milliers de personnes installées derrière des barrières à quelques mètres de l'estrade. De grands posters sont affichés de part et d'autre des enceintes géantes. Je suis invitée à m'asseoir sur l'un des sièges sur la scène. On m'offre une petite bouteille d'eau minérale. Les invités arrivent les uns après les autres. Les civilités et les embrassades durent de longues minutes tandis que le public afflue de plus en plus. Je joins les mains et baisse la tête chaque fois que l'on vient me saluer.

Lorsque le premier intervenant prend la parole, cela fait déjà presque deux heures que je suis installée et que j'essaie de résister au sommeil. Sur la pelouse, des caméras filment la scène. Parfois, un cameraman monte sur les planches, s'approche des politiciens, enregistre des images et redescend sur l'esplanade retrouver ses confrères. Les discours sont virulents. Certains intervenants hurlent dans le micro jusqu'à provoquer des sifflements stridents. D'autres utilisent leurs mains et leurs poings pour appuyer une idée, faire passer un message. Je ne fais jamais cela.

Des enfants montent sur la tribune et je suis appelée à chanter avec eux. On me met un micro entre les mains. J'entame une chanson bengalie que nous avons apprise à l'école. Les écoliers suivent le rythme. Puis on m'invite à prendre place derrière le pupitre afin de me présenter. Je relève ma dupatta pour qu'elle ne se prenne pas dans mes sandales. Le public est silencieux, les regards sont pointés vers moi, les cameramen tournent leurs appareils dans ma direction. Je sens la panique monter. Aucun son ne sort de ma bouche. La foule s'étend à perte de vue. Si je ne dis pas quelque chose très vite, la situation risque de devenir très embarrassante. Je me souviens que dans ces cas-là il faut formuler des choses simples. Alors je me présente. Le reste suit, comme un coup de pédale en suit un autre. Je reviens sur le mariage de ma sœur à l'âge de douze ans et sur ses multiples grossesses malheureuses. J'évoque les problèmes de santé publique liés au mariage précoce, les risques sanitaires d'accoucher en pleine campagne, souvent sans assistance médicale. La fertilité qui n'est pas assurée à 100 % à nos âges. J'enchaîne ensuite sur les propositions de mariage reçues par mes parents, mon refus d'y adhérer, les sanctions et les pressions que j'ai subies, la lente réconciliation avec Ma, qui aujourd'hui regrette son comportement. J'évoque les exemples d'autres filles que j'ai rencontrées durant le séminaire et qui ont cédé devant leurs parents.

— Si j'ai dit non au mariage, c'est, comme je viens de vous le dire, pour des raisons de santé mais aussi pour continuer ma scolarité. J'ai longtemps travaillé dans les rizières. J'ai longtemps aidé mon père à produire des bidis afin que notre famille puisse gagner un peu plus d'argent. Il y a eu des jours sans riz, des jours sans rotis, où nous devions mendier notre pitance auprès de voisins solidaires et aussi démunis que nous. Mais il y a eu aussi des journées à l'école où avec mes camarades nous passions des moments à être seulement des enfants. À apprendre plutôt qu'à travailler. À s'instruire plutôt qu'à se rompre le dos ou à se détruire la santé.

Je marque une pause. Je parle depuis près de vingt minutes. Je dois penser à conclure.

— Si j'ai refusé de me plier aux décisions de mes parents, cela ne veut pas dire que je leur manque de respect ou que j'ai un petit ami caché.

La foule rit. Je souris et poursuis :

— Cela ne remet pas en cause leur autorité ou leur responsabilité dans notre éducation. Si j'ai refusé, c'est parce que je sais que leur choix n'est pas le leur mais celui de la communauté qui souhaite voir chaque petite fille rejoindre sa belle-famille le plus tôt possible. Souvent pour des raisons économiques. Enfants, vous avez vous aussi le pouvoir de refuser de vous unir tant que vous êtes encore jeunes. Parents, ne cédez pas à la pression exercée par votre famille, vos voisins ou amis. Laissez une chance à vos descendants de vous aider concrètement et significativement une fois leur scolarité terminée ! Je vous remercie de m'avoir écoutée.

Je retourne m'asseoir tandis que la foule applaudit chaleureusement. Le politicien qui prend la parole juste après souligne mon courage, ma détermination et ma capacité de jugement malgré mon jeune âge. Il félicite mes parents de m'avoir donné la vie afin que j'aide d'autres personnes à changer la leur.

D'après les fonctionnaires qui m'accompagnent, il y avait au moins cinq mille personnes dans l'assistance. C'est la première fois que je parle devant autant de gens. Si au début j'ai eu le trac et que ma timidité a pris le dessus, j'ai néanmoins réussi à m'exprimer clairement.

Après le meeting, de nombreux enfants souhaitent me rencontrer. Une jeune fille me confie qu'elle est désespérée : sa famille a déjà conclu l'union et les noces sont prévues le mois prochain. Je lui conseille de parler à ses parents puis de refuser de se nourrir, de ne plus prendre part à la vie domestique et, le plus important, de tenir bon ! Elle a peur de contredire ses parents, d'être punie ou chassée, mais promet de leur tenir tête. Elle me confie que sans mon intervention, elle n'aurait jamais osé franchir le pas.

10

Le jour des Héros

C'est la première fois que je touche de la neige. Les flocons qui effleurent mes joues provoquent une sensation électrique qui balaie toute ma colonne vertébrale. Mon visage est humide et je n'ai jamais eu aussi froid. On nous avait pourtant prévenus qu'il ferait frais dans la capitale mais aucun d'entre nous n'aurait pu imaginer des températures aussi basses. Je suis habillée avec plusieurs couches de vêtements. J'arrive à peine à marcher correctement. Je prends quelques photos, que je pourrai montrer à mon retour dans la région du Bengale. Depuis quelques jours, je suis, ainsi qu'une vingtaine d'autres enfants venus de tout le pays, à New Delhi pour assister à la journée des Héros, un événement organisé par les dirigeants du pays en l'honneur de tous les enfants qui ont accompli un fait marquant et important pour l'Inde.

Le véhicule tout-terrain rase les maisons. Les villageoises sont obligées de rentrer à l'intérieur de leur cahute si elles veulent éviter de se faire écraser. La route exiguë est prévue pour des charrettes, des vélos, peut-être des voitures mais personne n'aurait imaginé qu'un 4 x 4 de cette taille allait passer par là un jour. Le véhicule s'arrête devant la maison. Je grimpe à l'intérieur. Ma mère me salue. Elle se demande si elle n'a pas fait une bêtise en autorisant ce voyage qui va nous séparer pendant près de deux semaines. Elle remonte le voile de son sari sur ses cheveux en prenant soin de se cacher un œil déjà mouillé par les larmes. Il nous faut parcourir quelques centaines de mètres afin d'avoir suffisamment d'espace pour faire demi-tour et reprendre la route qui sort du village. Nous arrivons à la gare vers 19 heures. Le Rajdhani Express part dans une demi-heure. Nous montons à bord. Je choisis un compartiment où il y a de la place pour mon amie Afsana et mon père qui m'accompagne. C'est la seconde fois qu'il se rend à New Delhi lui aussi. Le train part à l'heure ! Une bonne nouvelle qui signifie que nous devrions arriver comme prévu le lendemain matin vers 10 heures ! Dans le train les discussions s'engagent très vite. Qui sommes-nous ? Où allons-nous ? Les passagers sont surpris et enchantés de savoir que nous nous rendons à la capitale pour rencontrer la Présidente, le Premier ministre et la secrétaire générale du Parti du Congrès. Je suis sûre qu'ils ont déjà oublié ce pour quoi nous sommes invités, éblouis par nos prestigieux interlocuteurs. À mesure que le train roule et que d'autres voyageurs grimpent à bord, nos accents deviennent de plus en plus remarqués. Nous entendons parler d'autres langues régionales, incompréhensibles. Dès la nuit tombée nous nous installons dans nos couchettes.

Je me réveille tôt le matin, les W.-C. sont libres, le wagon encore endormi. Je fais une rapide toilette et je retourne m'asseoir sur la couchette. En attendant que les passagers émergent les uns après les autres, je regarde filer le paysage. Ces derniers mois j'ai parcouru des dizaines de villages et rencontré plusieurs milliers de personnes grâce à mes interventions en public. Si les écoles et les lieux publics me réservent en général un accueil favorable, ce n'est pas toujours le cas de certains comités de villages où les traditions sont plus tenaces. Je me souviens de cette mère qui a tenté de me frapper parce que je diffusais des idées malsaines dans l'esprit de ses filles. Selon elle, je propageais des idées indignes, insultantes et dégradantes pour notre société. À l'instar de ma mère, elle pensait que les jeunes enfants ayant désormais un droit de regard et d'approbation sur leurs futurs maris s'en iraient, à la première occasion venue, perdre leur vertu. J'avais beau expliquer que les risques sur la santé peuvent être critiques, elle n'a rien voulu entendre, répliquant qu'elle avait elle-même donné naissance à six enfants sans pour autant avoir l'impression d'être passée à l'article de la mort. Sa fille, n'étant ni plus ni moins fragile, pourquoi devrait-elle renoncer à trouver un époux si tôt ? Il est évident que cette femme n'a jamais eu de fausses couches ou d'enfant mort-né et qu'elle ne mesure pas les dangers qu'elle fait courir à son enfant. Le public était divisé. Le débat était lancé. Chacune d'entre nous est restée sur ses positions. Pour la première fois, j'ai dû partir prématurément avant que la situation ne dégénère. Il n'y a pas plus sourd que celle qui ne veut pas entendre. Je me souviens également de ce père de famille qui m'a violement prise à partie durant un autre discours. Il m'a accusée d'ignorer nos traditions et de corrompre les esprits tout en culpabilisant les pauvres gens comme eux. En unissant leurs enfants à un âge précoce, les parents sont dans leurs rôles de fédérateur de dynasties, gardiens de la ligne patronymique. Il ajoute que le mariage est une chose trop sérieuse pour être confiée aux enfants. Ces confrontations, parfois douloureuses sont très instructives puisqu'elles m'aident à m'interroger sur la pertinence et le sens du combat que je mène.

Mon amie Afsana ouvre un œil. Elle s'assied et regarde les flocons tomber. Dans quelques heures nous serons à New Delhi. Les premiers vendeurs ambulants grimpent dans le train. En quelques stations, ils sont plusieurs dizaines à proposer du thé, du café, des fruits, du riz ou des lentilles. On nous apporte un petit thali. Je mange très peu. La nourriture est grasse et il n'y a pas de pain. Je demande à Baba si je peux avoir des fruits et des amandes. Il interpelle un des vendeurs qui n'a que des boissons chaudes. Qu'à cela ne tienne, ce dernier envoie son fils chercher ce qu'il faut pour ne pas rater la vente. Le jeune homme revient quelques minutes plus tard avec des fruits pelés et enveloppés dans du papier journal finement attaché avec une petite ficelle. Baba sort quelques roupies et les tend au petit garçon qui s'empresse de les refiler à son papa. Il me sourit, je baisse les yeux et je ne peux m'empêcher de penser qu'il ferait mieux d'être à l'école. Nous entrons en gare de New Delhi avec un retard d'une heure environ. Des individus nous accueillent au bout du quai. Ils sont emmitouflés dans d'épais manteaux. Je les envie car je suis frigorifiée. Ils nous proposent d'aller au marché pour acheter de quoi nous couvrir. Depuis la voiture je distingue plusieurs personnes assises devant un petit feu. Ils se frottent les mains et restent bien à proximité des flammes. Je choisis un pull épais que j'enfile aussitôt. Un blouson que je m'empresse immédiatement de mettre sur le dos ainsi qu'un bonnet noir. Afsana et moi sommes maintenant accoutrées pour affronter les températures hivernales de la capitale. Nous grimpons dans la voiture mise à notre disposition, direction l'hôtel. J'ai peur de prendre l'ascenseur. J'avoue ne pas faire confiance à ces grandes cages grises en métal. Je préfère emprunter l'escalier même si nos chambres sont au quatrième étage. Le téléphone sonne, j'ai du mal à extirper l'appareil avec toutes ces épaisseurs de vêtement sur les épaules. Le numéro qui s'affiche m'est inconnu mais l'indicatif de la ville est celui de Bangalore. Je viens de rater un coup de fil de mon frère. Quelques secondes plus tard le téléphone vibre à nouveau, je décroche :

— Rekha ? Ça va ?

— Dipak ? Oui, nous allons bien ! Nous sommes à New Delhi !

— À New Delhi ? Pour quoi faire ?

— Nous avons étés invités par la Présidente et le Premier ministre. Ils vont nous remettre une médaille. Nous avons été sélectionnés par le programme « Enfants Héros », je réponds avec une voix exaltée tout en me débarrassant de ma veste et des mes souliers.

— Mais c'est une excellente nouvelle ! Tu sais ce qu'il est prévu ? Tu vas recevoir de l'argent, tu crois ?

— Je ne sais pas. On nous a dit que nous allons passer quinze jours ici avec d'autres enfants venus de toutes les États d'Inde. Baba m'accompagne, il est d'ailleurs dans la même chambre que moi. Ma est restée au village.

— Ça s'est arrangé avec elle ?

— Oui, la situation est devenue supportable. Tu sais qu'elle assiste aux meetings et qu'elle dit publiquement qu'elle est fière de moi. Que j'ai bien fait de refuser les propositions de mariage...

— Non ? Réellement ?

— Si si, je t'assure. À la fin d'une intervention, des jeunes filles l'ont interpellée et l'ont même félicitée. Elle était heureuse d'être sollicitée. Elle a dit aux élèves qu'elle n'avait fait que son devoir de mère, qu'elle n'avait pas d'autre choix compte tenu de notre situation financière mais qu'aujourd'hui elle regrette d'avoir été aussi sévère avec moi. Je l'ai même entendue dire à certains élèves qu'elle avait eu tort de s'obstiner à ce point.

— Elle est vraiment imprévisible celle-là ! Je suis heureux que la situation se soit apaisée. Dis-lui que j'ai appelé si tu l'as au téléphone ces prochains jours.

— Oui, je transmettrai. Tu travailles toujours comme décorateur floral ?

— Non, la saison des mariages est terminée. J'ai trouvé un nouveau job.

— Ah bon ?

— Oui, je travaille dans la construction. Je suis maçon et peintre. Il y a beaucoup de boulot dans ce domaine. Il se construit des immeubles neufs tous les jours ici ! C'est épuisant mais le salaire est meilleur.

— Quand viens-tu nous voir ? Cela fait longtemps que tu n'es pas rentré au village.

— Pas avant six mois. Je passerai vous voir pendant la prochaine mousson, quand il n'y aura plus de travail ici.

Il demande à parler à Baba avant qu'il n'ait plus de crédit dans l'appareil. Je déballe mes affaires tandis qu'ils parlent brièvement entre eux.

J'aurais aimé que mon frère devienne instituteur. Il est vrai que ce n'est pas très bien payé mais il y a plusieurs avantages à enseigner dans son village natal. Il n'est pas utile de déménager, on reste près de sa famille et on peut facilement s'occuper d'eux en cas de pépin. Le travail est très intéressant, instructif, sans compter que l'on bénéficie d'un certain prestige qui profite à toute la famille. Au lieu de cela, Dipak oscille de job manuel en travail pénible. Il lui est désormais impossible de s'extirper de cette voie. Baba raccroche et me remet le téléphone. Je suis heureuse qu'il soit là. Il veille sur moi et évite que des rumeurs infondées circulent. Ma mère et ma famille ne supporteraient pas que l'on puisse mettre en doute ma pudeur, ni que l'on salisse mon honneur en propageant des doutes sur ma virginité parce que je suis loin de la maison ou parce que je côtoie des étrangers qui pourraient profiter de la situation. Une jeune fille, même pauvre, se doit de rester en toutes circonstances loin des hommes et d'éviter d'elle-même toute situation qui pourrait prêter à confusion.

En fin d'après-midi, nous sommes tous conviés dans le hall de l'hôtel. On nous informe qu'une série d'activités est prévue au cours de cette quinzaine de jours et que nous devons porter l'uniforme à chaque sortie officielle. On nous remet une veste rouge grenat flanquée des armoiries nationales, un pantalon assorti, deux paires de chaussettes et une paire de chaussures noires à lacets. On nous invite à faire connaissance les uns avec les autres et de profiter de cette première soirée pour nous reposer du voyage. J'ai du mal à imaginer que nous venons tous du même pays. Des garçons ont des turbans, certaines filles portent des bracelets jusqu'aux épaules. J'apprends par la suite qu'elles viennent de la région du Rajasthan, à l'extrême ouest du pays. Un enfant d'une dizaine d'années a les yeux bridés, des cheveux épais et foncés. Il ressemble à un Chinois pourtant ses parents habitent dans la région de l'Assam. Il a mis plus de deux jours à venir à New Delhi par le train. Je suis immédiatement confrontée à la barrière de la langue. Son dialecte m'est totalement étranger. De même que celui de la jeune fille aux bracelets. Afsana me dit qu'ils parlent leur langue régionale comme nous nous parlons le bengali. Elle réussit néanmoins à échanger des propos avec eux en hindi. Je lui demande de me traduire ce qu'ils se racontent.

La jeune fille a sauvé plusieurs personnes de la noyade. Le ferry traversait un bras de rivière quand elle a vu de l'eau s'infiltrer à l'arrière du bateau. Elle a immédiatement prévenu le capitaine qui a fait demi-tour vers la berge d'où il venait de lever l'ancre. Sans son intervention l'embarcation aurait coulé et des centaines de personnes aurait été noyées. Au Rajasthan comme dans le Bengale, rares sont les personnes qui savent nager.

Le jeune garçon était au marché avec sa mère. Il a remarqué un homme qui garait sa moto sur le trottoir sans prendre le temps de détacher les deux gros sacs qui se trouvaient sur le porte-bagages. Il a immédiatement pensé qu'il pouvait s'agir d'un engin explosif car quelques mois auparavant une bombe avait soufflé un marché provoquant la mort de plusieurs dizaines de personnes. Depuis, la police avait multiplié les appels à la vigilance. Il a prévenu sa mère qui ne l'a pas cru. Le jeune garçon qui doit avoir trois à quatre années de moins que moi a alors hurlé « alerte à la bombe » au milieu du bazar. Quelques hommes se sont approchés de lui, il a pointé du doigt la moto en racontant qu'un homme venait de la garer il y avait quelques minutes avant de partir précipitamment. Le marché a été évacué et des policiers sont intervenus. Une brigade de démineurs a confirmé la présence d'explosifs. Il a été reçu par l'inspecteur général de la police qui a suggéré sa présence à la journée annuelle des jeunes héros de la Nation.

Chacune des journées suivantes est marquée par au moins un rendez-vous avec les caciques de l'État. Nous avons rencontré des ministres qui nous ont répété que nos gestes et nos actions sont des inspirations pour des millions de compatriotes. De nombreuses activités sont prévues chaque jour. Nous avons été au zoo, à la fête foraine, voir des pièces de théâtre et des spectacles de danse kathak[1]. La journée du lendemain est la plus importante car nous devons rencontrer le Premier ministre en personne. Nous sommes accueillis par l'un de ses conseillers qui vérifie que nos tenues sont impeccables avant de nous inviter à le suivre. Nous sommes installés dans une somptueuse pièce dont les murs sont finement carrelés d'une superbe mosaïque bleutée. Le Premier ministre malgré son grand âge tient à nous saluer un par un. Il nous offre une guirlande de fleurs qu'il nous passe autour du cou. Il parle lentement et écoute la raison pour laquelle nous sommes sélectionnés à cet événement annuel national. Chacun d'entre nous a droit à un petit mot attentionné et personnalisé. Je suis impressionnée par sa stature et son savoir. Il s'est ensuite installé

1. Danse du nord de l'Inde, d'origine religieuse.

sur une chaise et nous a rappelé qu'il venait lui aussi d'un milieu très défavorisé. Qu'il a étudié à la bougie afin, dit-il, de découvrir les lumières du savoir. Je suis subjuguée par son parcours et son discours que l'on me traduit au fur et à mesure qu'il s'exprime. On nous a remis une montre et une horloge. J'ai tenu à le saluer et à le remercier avant qu'il ne parte. Les gardes m'ont interdit de l'approcher. Il s'est retourné une dernière fois et m'a fait un signe en joignant ses deux mains et en inclinant la tête.

Je tente de dialoguer avec mes camarades en hindi mais la discussion est laborieuse. Force est de constater que l'on ne se comprend pas. Je dois systématiquement faire appel à Afsana pour qu'elle fasse l'interprète. Les gardiens chargés de la sécurité rient en m'entendant balbutier un tel syncrétisme nébuleux. Cela ne nous empêche cependant pas de dîner à la table d'autres enfants. Au contraire ces amalgames linguistiques provoquent des discussions imprévisibles qui nous font bien rire. On nous annonce le programme des jours suivants. Le plus important étant la fête de la République où nous défilerons ainsi que l'armée devant la Présidente du pays. Je suis étonnée d'apprendre que nous serons à dos d'éléphant durant la parade. J'en parle à mon père une fois dans la chambre.

— Je ne grimperai pas sur un éléphant.

— Tu dis cela parce que tu as peur mais ne t'inquiète pas, ce n'est pas dangereux.

— Je n'ai pas peur ! dis-je en mentant à moitié. Il est vrai que l'idée d'être assise à dos de pachyderme ne me rassure pas vraiment. Mais enfin Baba je ne peux pas grimper sur Sri Ganesh, c'est un dieu ! Le fils de Shiva de surcroît ! Non non, je trouve cela insultant et dégradant de poser son postérieur sur la divinité censée lever les obstacles de la vie sans oublier qu'elle représente également le savoir. Je culpabiliserais immédiatement.

— Je ne pense pas que tu aies le choix Rekha ! Le défilé du jour de la République englobe plusieurs milliers de personnes ! C'est un honneur d'être là ; tu ne peux pas offenser tes hôtes en refusant leur protocole.

— Je préfère vexer des hommes plutôt qu'un dieu, j'en parlerai demain au personnel qui nous accompagne.

— Fais comme tu veux mais je doute qu'ils fassent une exception pour toi !

Le tuteur en charge ne semble pas du tout offusqué par ma demande. Au contraire, il trouve mon raisonnement très respectueux. Il me propose de me placer dans un des véhicules de la parade juste après les éléphants. Cela ne devrait pas poser de problème. Je le remercie, soulagée de ne pas avoir à grimper sur cette nacelle.

Il fait très froid ce matin. Un épais brouillard enveloppe le grand boulevard devant la présidence jusqu'à la porte de l'Inde. Des soldats aux uniformes clinquants, des musiciens ainsi que des véhicules militaires défilent avant nous. Les officiers saluent la Présidente qui se tient debout dans les gradins. La parade arrive au niveau du chef de l'État et du Premier ministre, je ressens un immense honneur d'être là. Au moment de mon salut, j'ai l'impression de croiser le regard de la Présidente malgré la faible visibilité due à la brume.

Une grande fête est organisée l'avant-veille de notre départ. Il y a de la musique et nous avons tous dansé. Je tente à nouveau de parler avec mes camarades. Il y a du progrès mais pas suffisamment pour me passer d'un traducteur. Je réalise vraiment l'immensité de la diversité. Je comprends également que les enfants malgré cette mosaïque sont partout également poussés à se marier dès leur plus jeune âge. Qu'il ne s'agit pas d'un phénomène local ou régional mais bien d'un fléau national. La Présidente l'avait dit durant notre première rencontre mais je n'avais pas mesuré à l'époque la portée de ses propos. Afsana me tire de mes pensées. Il faut se dépêcher, nous avons rendez-vous pour la photo officielle. Tous les enfants sont en uniforme. Un photographe nous indique les gradins afin que l'on se place quand un convoi de voitures s'arrête à nos côtés. La Présidente sort de sa voiture entourée de plusieurs gardes du corps. Il est prévu qu'elle soit sur la photo. Elle s'approche de moi, je la salue respectueusement en joignant les paumes.

— Bonjour Rekha ! Comment vas-tu ?

— Très bien votre Excellence ! Je vous remercie de vous en inquiéter.

Je réponds naturellement et poliment comme nous l'a enseigné le personnel accompagnant ces derniers jours.

— J'ai de la chance de te rencontrer deux fois. Je ne pensais pas qu'on allait se revoir si vite.

— C'est moi qui ai de la chance de vous croiser une seconde fois en si peu de temps, madame la Présidente.

— Ce séjour te plaît ?

— Oui, beaucoup ! J'ai appris énormément de choses que j'ai hâte de transmettre à mes camarades de classe.

— Que veux-tu faire plus tard ?

— Je ne sais pas encore, madame la Présidente. J'aimerais enseigner ou contribuer à changer les choses dans notre pays mais je n'ai pas encore d'idée très précise. Principalement parce que je ne veux pas avoir de regrets si je n'y parviens pas.

— Je ne m'inquiète pas pour toi et ton destin me semble très prometteur. Allons prendre la photo maintenant, dit-elle en me remettant la rose qu'elle avait à la main.

Elle s'est assise à côté de moi. Dans quelques secondes nous serons sur le même cliché.

Le lendemain nous clôturons notre visite en allant visiter le Red Fort[1]. Je suis éblouie par autant de lumières. J'ai l'impression que c'est Diwali[2] alors que nous sommes en plein mois de janvier et que le brouillard recouvre la ville. Je ne suis néanmoins pas mécontente de retourner dans mon village du Bengale. À mesure que le train avance, je me débarrasse de mes vêtements.

Mes amis sont impatients que je leur raconte ce dernier séjour. Ils veulent tout savoir jusqu'au moindre détail. Atul propose de déplacer un cours afin que mes camarades puissent profiter de mon expérience à New Delhi. Je décris ces rencontres avec les autres enfants, accoutrés différemment, aux langages incompréhensibles mais aux problèmes identiques. Je mentionne évidemment les réunions avec les députés, le Premier ministre et la Présidente ainsi que les encouragements qu'ils m'ont adressés

1. Le Fort rouge, aussi appelé le Palais-fort de Shahjahanabad, est une forteresse d'architecture moghole de Delhi classée au patrimoine de l'Unesco.

2. La fête de la lumière, qui, dans certaines régions de l'Inde correspond au nouvel an.

personnellement mais aussi à tous les membres du village. Les réactions sont particulièrement vives dès lors que j'évoque cette météo glaciale, les monuments somptueux et les manèges de la fête foraine où j'ai eu le mal de mer. L'accueil de mes camarades m'emplit d'énergie. Je suis pleine de confiance et prête à nouveau à parcourir les villages, les écoles et les lieux publics afin de sensibiliser les enfants et leurs parents contre les mariages précoces.

Après la classe, je frappe à la porte du directeur. Arjun me montre une chaise en me faisant signe de m'asseoir. J'ai une dernière faveur à lui demander. Je prêche contre les unions pré-adolescentes, mes interventions sont destinées à des personnes dont l'activité principale consiste à survivre économiquement et dont l'alphabétisation des enfants est facultative, alors la moindre des choses est que je sois garantie que cela n'arrive pas à mes proches. Mes parents ont fait l'erreur de ne pas m'inscrire à l'école dès l'âge requis, je souhaite à présent qu'Arjun scolarise mes frères et sœurs, plus jeunes, afin qu'ils n'aient jamais à se retrouver dans les conditions que je dénonce.